紙上ゼミナールで学ぶ

やさしい
交流分析

今西 一仁 著

ほんの森出版

はじめに
交流分析を学ぶために

　以前、カウンセリングの指導を受けていたとき、「実際のケースに役立った技法が、優れたカウンセリングの技法である」と言われたことがあります。
　その技法が優れているかどうかという判断は、実践に有効であったかどうかという点にかかっているという、当たり前といえば当たり前のことなのですが、それを聞いて本当だなあと納得しました。要は、「最初に理論ありき」ではないということです。
　さて、私自身、なぜ交流分析について研究し、実践し続けてきたかというと、やはり、その理論の枠組みや技法が、学校での教育相談の実践やかかわりの過程に役立つと実感した経験があったからです。
　私は、主に次の3点から、交流分析は学校の中で役に立つと思っています。

1　平易な用語で理論が整理されており、体系的に学習しやすい

　交流分析はもともと「精神分析の口語版」と呼ばれていたようです。つまり、精神分析の理論を、専門的な用語ではなく日常的に用いる語によって体系化した理論だということです。もちろん、1つの理論体系である以上、その理論に入っていくための「お約束事」は必ずあります。「CP」「NP」……「ストローク」「ゲーム」といった用語の意味については一通りおさえておく必要はありますし、そうした理論の用い方についてもある程度習熟しておく必要があります。しかし、そうした用語は、ほとんどが日常的に用いる語をもとにつくられており、その点では、他の理論体系よりも比較的抵抗が少ないと思われます。
　私自身、こうして交流分析について紹介する文章を書いていますが、交流分析の「専門家」に就いて、特別に専門的なトレーニングを受けたわけではありません。研修会に参加した経験はありますが、今実践していることのほとんどは、市販されている書籍やビデオ教材による自学自習や仲間内での学習会、あるいは実践の場で実際に試行錯誤を繰り返す過程で学び、自分なりに身につけてきた結果です。こうした自分の経験を振り返る限りにおいて、交流分析は、自学自習が可能な理論体系であると言えます。
　交流分析理論は、主に次の4つに分けられます。

① 構造分析
「自我状態」についての理解を通して、自分への気づきを深め、他者のあり方への気づきを促します。
② 交流パターン分析
対人関係におけるコミュニケーションについての理解を深めます。
③ ゲーム分析
こじれがちな人間関係についての理解を深め、対応を考えます。
④ 脚本分析
人生の早期において形成されてきた人生の脚本への気づきと、そこからの脱却をめざします。

　④の脚本分析になると、交流分析全体の理解の程度が問われます。また、自分の人生脚本に気づき、そこからの脱却を図る「再決断療法」あたりのレベルになると、ワークショップなどに参加して研修を受ける必要を感じます。
　ただ、学校現場で子どもとのかかわりの中で生かしていくためには、構造分析からゲーム分析までの理解で十分対応できます。たとえば、学校でよく用いられているエゴグラムは、構造分析や交流パターン分析、ゲーム分析の理論を用いることによって、心理テストとしてだけでなく、さまざまな用途が広がってきます。
　もちろん、その理論が「合う、合わない」ということはあります。何かの理論を選択するということには、その人が今まで生きてきた価値観や人生観、ひいては世界観がかかわってくるからです。まず、エゴグラムの理解あたりから入ってみると、自分に合った理論かどうかが明らかになってくるのではないでしょうか。エゴグラムについては、本書の第1章から第3章で解説していますので、お読みください。

2　「今、ここ」に焦点が当てられた理論体系である

　交流分析に関するさまざまな文献を読んでいると、「過去と相手は変えられない」という言葉によく出会います。
　ある子どもが抱えている問題を考えるとき、生育歴にさかのぼって「過去において何が問題であったのか」を検討することも重要ですが、それにこだわりすぎると、結局は「悪者探し」に終わってしまい、その子が直面すべき課題からいっそう離れてしまう結果にもなります。
　それがどんなに望ましくないものであっても、過去に起こった「事実を変える」ことはできません。しかし、過去に起きた事実そのものは変えられなくても、今の私たちの過去に対する「とらえ方を変える」ことはできます。
　実際、事実そのものよりも、事実に対するとらえ方が、私たちの言動に大きな影響を与えていることは、私たちが日常的に経験することです。私たちのとらえ方が不適

当である場合、それに気づくことができれば、勇気をもってそれを変えていくことができます。過去に対するとらえ方が変われば、現在の生き方も必然的に変わってきます。その過程で、私たちがこれから直面する将来に対する期待や不安の程度も変わってくるでしょう。

　私たちは、自分自身の過去を十分に踏まえながら現在を意識し、「今、ここ」に生きながら、将来を見通して歩いていく存在です。そして、学校教育とは、まさに子どもたちが「今、ここ」での問題や課題を見つめ、それと向き合うことによって、折り合いをつけたり乗り越えたりしながら、将来をめざしていく過程を支援することだと思います。その過程で子どもたちは自分自身の人生を生きているという実感をもち、自律性が育っていくのです。

　たとえば、①構造分析は、過去を踏まえて「今、ここ」での自分自身への気づきを促してくれます。②交流パターン分析、③ゲーム分析は、まさに「今、ここ」でのコミュニケーションがどうなっているのかを客観的に見つめ直すヒントを提供してくれます。そして、④脚本分析は、過去に対する自分自身のとらえ方に気づき、それが不適当なものであれば、それを変えていくための手がかりを与えてくれます。

3　関係性の理解に役立つ

　学校の中には、子ども同士、子どもと教師、教師同士、子どもと保護者、保護者と教師、といったさまざまな人間関係があります。その点、学校はそれらの人間関係が強く影響し合う、関係性の世界です。実際に子どもたちから相談を受けていると、その相談のほとんどが人間関係に関することです。

　ところが、普通私たちは誰かを理解しようとするとき、自分への気づきはさておいて、相手の言動や相手を取り巻く環境といった点に注意を向けがちです。たとえば、「児童生徒理解」という用語がありますが、そうした用語をあたり前のように使うとき、私たちは「理解される客体」としての児童生徒を理解することにばかり気をとられて、児童生徒を「理解する主体」としての自分自身に対する気づきを欠いていることがあるのではないでしょうか。

　誰かを理解しようとするとき、自分自身と切り離して、相手のことをまったく客観的に理解することはできません。そこには必ず、理解しようとする主体としての自分の心の働きが大きく影響してきます。ですから、「児童生徒理解」とは、「理解しようとする教師としての自分と、理解の対象となる相手の児童生徒との関係性についての理解」とも言えます。自分への気づきの経験を通して、相手のあり方に気づくことができるのです。

　また、人間関係が自分と相手とで成り立っている以上、人間関係がこじれているときに、相手だけを変えようと思っても無理があります。「北風と太陽」のイソップ寓話を持ち出すまでもなく、相手を変えようとがんばればがんばるほど、逆の結果を招

きやすいことは日々私たちが経験していることです。相手を変えるのではなく、自分と相手とで成り立っている関係性を変えていこうと意識すると、自分自身のあり方やかかわり方について考えなければならなくなるでしょう。そうすることで、相手と自分との関係性が変わり、相手からの反応も変わってくるのです。

　交流分析は、「相手と自分との関係性の中で相手を理解する」という理解のあり方について、多くの示唆を与えてくれます。たとえば、交流パターン分析の目的は、まず自分自身のあり方について理解を深め、それと並行して、自分が他人にどう対応しているか、他人は自分にどうかかわってくるかについて観察する方法を学ぶことにあります。これによって、自分の対人関係のあり方を、そのとき、その場の状況に応じて、今までよりも意識的にコントロールできるようになるのです。

　本書では、特に理解のポイントとなる点については「紙上ゼミナール」で実践的に学べるように工夫しました。
　学校の教育活動の中で、交流分析の理論や技法はさまざまに活用できます。何よりもあなたが交流分析を学ぶことで、子どもたちや保護者、同僚との関係性が大きく変わってきます。
　さあ、一緒に学んでいきましょう！

　＊本書で紹介した事例は、その本質を損なわない程度に変えてあります。

紙上ゼミナールで学ぶ やさしい交流分析 も・く・じ

はじめに──交流分析を学ぶために
1 平易な用語で理論が整理されており、体系的に学習しやすい……3
2 「今、ここ」に焦点が当てられた理論体系である……4
3 関係性の理解に役立つ……5

第1章 私の中の「3つの私」
1 Ⓟ・Ⓐ・Ⓒ 私の中の「3つの私」……11
2 自我状態の特性……12
  (1) 親の自我状態Ⓟ（CPとNP）……12
  (2) 大人の自我状態Ⓐ……13
  (3) 子どもの自我状態Ⓒ（FCとAC）……13
3 自我状態の識別の仕方……14
紙上ゼミナール1 声の調子や表情・態度から自我状態をイメージしよう……16
第1章コラム 「わかる」ことは、「分ける」こと……20

第2章 エゴグラムの基礎を知ろう
1 自他を見つめる視点としてのエゴグラム……23
  (1) エゴグラムとは……23
  (2) エゴグラムの質問紙の種類……24
2 エゴグラムを読み取るポイント……25
紙上ゼミナール2 自分のエゴグラムを描いてみよう……25
  (1) エゴグラムを見るポイント……25
紙上ゼミナール3 エゴグラムから人物像をイメージしよう……31
  (2) 自我状態の相互の関係をつかむ……33
  (3) エゴグラムを用いる上で配慮すること……35
第2章コラム 過去と相手は変えられない
　　　　　　　──とらえ方が変わると、かかわり方が変わる……38

第3章　エゴグラムを子どもとのかかわりに生かす
1　エゴグラムを用いた、子どもとのかかわり技法……41
(1) 子どもとのかかわりにエゴグラムを生かす……41
(2) エゴグラムによる3つの理解……42
(3) 子どもの言動からの理解──言動観察によってエゴグラムパターンを描く……43

紙上ゼミナール4　目の前の子どもの状態からエゴグラムを描こう……43

(4) 子どもとの関係性についての理解──オーバーラップエゴグラム……45
(5) 今後の課題や方向性の見通し──理想のエゴグラム……46

2　エゴグラムを進路支援に生かす……48
(1) エゴグラムを進路支援に生かすポイント……48
(2) 進路選択過程における自我状態の働き……50

紙上ゼミナール5　エゴグラムの視点から進路支援を考えよう……53

(3) エゴグラムを進路支援に生かすにあたって配慮すること……55

第3章 コラム　エゴグラムと「針路」の問題……56

第4章　交流パターン分析──児童生徒理解に生かす
1　交流パターン分析とは……59
(1) 児童生徒理解は、関係性の理解……59
(2) 言葉や態度、行動などをベクトルで図式化……59
(3) 3つの交流パターン……60

2　交流パターン分析をコミュニケーションにどう生かすか……62
(1) 交流ベクトルの法則……62
(2) ベクトルはどこからどこに向かうか……62

紙上ゼミナール6　交流パターンをつかもう……64

3　交流パターン分析をするときの心構え……65
(1) 何のために分析をしようとするのか、目的を明らかにしておく……66
(2) まずは自分への気づきの経験を基本に分析を行う……66
(3) 自分の社会的役割からするとどのような対応が適当か、現実的に検討する……66

第4章 コラム　かかわり方を変えると関係性が変わる……67

第5章　ゲーム分析──人間関係のトラブルを読み解く
1　人はなぜゲームを行うのか……69
紙上ゼミナール7　コミュニケーションの裏に隠れた交流をつかもう……69
(1) 人は刺激や反応のない状態に耐えられない──ストロークの飢餓……71
(2) 人は自分の周囲を予測可能な状態にしておきたい──予測可能性……72
(3) 人は意味のない時間に耐えられない──時間の構造化……73
2　ゲームの進行過程とラケット……75
(1) ゲーム分析の公式……75
(2) ラケットとゲーム……76
3　ゲームに陥らないために……77
(1) ゲームへの気づきのために……77
(2) 相手とのゲームをどう打ち切るか……78
(3) 教師自身がゲームを演じないために……81
紙上ゼミナール8　ゲームの視点からかかわり方を考えよう……82
4　ゲーム分析を関係性の見立てに活用する……85
(1) かかわりの質と効果を左右する関係性の問題……85
(2) 子どもにかかわる自分も視野に入れた見立て……85
(3) 見立てを行う自分自身も相対化する視点……86
5　実際のケースから……86
(1) 子どもの指導をめぐる教師同士のゲーム……86
(2) 子ども相互のトラブルをめぐる教師のゲーム……88
(3) ドラマ三角関係（役割の交代と混乱）……89
第5章 コラム　「甘える」「試す」「うらむ」……92

第6章　脚本分析──児童生徒をより深く理解する
1　脚本とは何か……95
2　人生に対する基本的構え……96
(1) 基本的構えとは……96
(2) 基本的構えとエゴグラム……98
(3) 基本的構えとゲーム……99
紙上ゼミナール9　基本的構えをつかもう……100

3　人生脚本が形成される過程……101
　　　(1)　3つの人生脚本……101
　　　(2)　禁止令……102
　　　(3)　ドライバー（禁止令へと誘う言動）……102
　　　(4)　幼児決断……104
　　　(5)　子どもが幼児決断を行う過程……105
　　紙上ゼミナール10　言動の背後に潜む禁止令・ドライバーを見つけよう……106
　　4　人生脚本とどのように向き合っていくか……107
　　　(1)　言動の背後に潜む禁止令やドライバーの存在に気づく……107
　　　(2)　プラスのストロークによるかかわりを心がける……107
　　　(3)　教師自身がどのような禁止令やドライバーを抱えているか検討する……108
　　5　キャリア教育と交流分析……109
　　　第6章 コラム　人生早期の決断をやり直す──再決断療法……111

第7章　教育プログラムに交流分析を生かす

　　1　心理教育プログラム実施の目的を明確にする……113
　　2　交流分析を生かした教育プログラムの展開例……115
　　3　交流分析を生かした教員研修プログラム……117
　　　(1)　交流分析を教育研修に取り入れる目的……117
　　　(2)　児童生徒理解から関係性の理解へ……117
　　　(3)　研修プログラムを作成・実施するときの留意点……119
　　4　研修プログラムの展開例……119
　　5　心理教育プログラムの準備・展開・評価……120

配付資料1　エゴグラムから今の自分を見つめ直そう……122
配付資料2　エゴグラムをもとに、これからの自分を考えよう……124
配付資料3　人をわかるということ（エゴグラムの活用法 1〜4）……128

参考文献一覧……142
あとがき……143

第1章

私の中の「3つの私」

　「わかる」という言葉の語源は、「分ける」ということです。私たちは「わからない」ものに出会うと、どこか不安を感じます。そこで、それをわからない部分とわかる部分に分けたり、さまざまな基準で分類したりすることで、なんとか自分の枠組みの中に位置づけて納得し、安心しようとするところがあります。

　心の世界は実際に目で見て確かめることができず、なかなか「わからない」ものです。そうした心の中を「わかる」ために、心理学の理論は、まず、それぞれの方法や用語を用いて、心の世界をいくつかに分けて考えるようにしてきました。たとえば、精神分析理論であれば、心の世界を意識や無意識に分けることで、人が表している症状の意味をわかろうとしてきました。

　交流分析では、わかりにくい心の世界をその表れ方や働きに応じて、次の3つに分けて、わかろうとしています。

1　Ⓟ・Ⓐ・Ⓒ　私の中の「3つの私」

　交流分析では、まず、人は誰でも心の中に、親から影響を受けてきた部分であるⓅ、大人に成長するにつれて現実適応してきた部分であるⒶ、子どものままの部分であるⒸといった3つの部分をもち、それによって人格が形成されていると考えます。そし

て、それぞれを「自我状態」と呼びます。つまり、私たちの心の中には、「3つの私」があるというのです。

この自我状態は、特に問題がないときには、特定の自我状態が目立つことなく、それなりにまとまって機能しています。しかし、何かいつもとは違う出来事があったとき、それに対応しようとして、特定の自我状態が表面に強く表れてきます。その表れ方は人によって異なっており、そうした反応の表れ方の特徴が、その人特有の考え方や言動の特徴になっていると、交流分析では考えています。

たとえば、授業中に周囲を笑わせる発言をする子がいた場合、あなたは教師としてどう反応するでしょうか。

ある人は「授業中は静かにしなさい」と怒るかもしれません。また、「なかなか気の利いたことを言うなあ」と一緒になっておもしろがる人がいるかもしれません。一方、「私の授業はおもしろくないんだろうなあ」と自信をなくしてしまう人もいるでしょう。

このように、同じ出来事に対して反応が異なるのは、それぞれの人の中で主導権をもつ自我状態が異なるからだと考えるわけです。

2　自我状態の特性

これらの自我状態を図に表したものが図1-1です。文章中において、Ⓟ、Ⓐ、Ⓒと○で囲んだ表記にするのは、この図に由来しています。

図1-1　3つの私

私（親／大人／子ども）　→　自我状態（P：CP・NP／A／C：FC・AC）

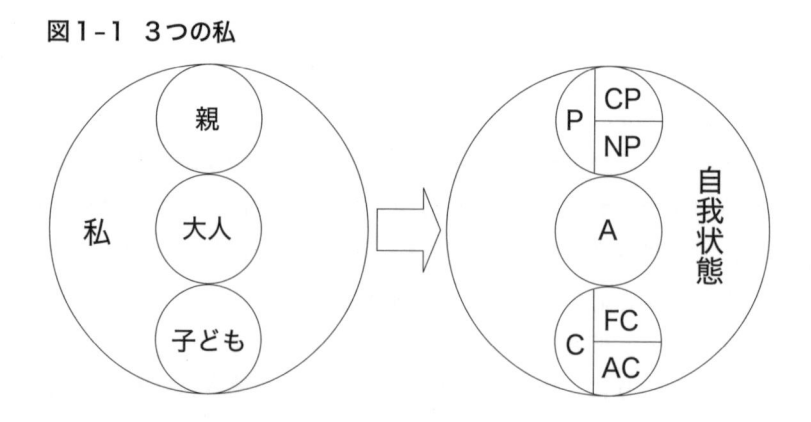

それぞれの自我状態には、次のような特性があります。

(1) 親の自我状態Ⓟ（CPとNP）

私たちの心の中には、幼いときに見聞きした体験や記憶が残っています。Ⓟとは、「Parent」の略で、子どものころに見聞きした親（自分の周囲にいて、自分の成長に

かかわってきた大人も含みます）の言動や態度などが心の中に残ってきた部分です。実際、私たちは、日常生活の中で自分の親と似ている点を周囲から指摘されたり、自分でふと気づいたりすることがときどきあります。

　親は自分の幼い子どもに対して、ほめて、かわいがり、やさしさをもって育てていきます。しかし、ほめてかわいがるだけでは、子どもは社会に適応していけません。やってはいけないことに対して「ダメ！」と禁止したり、「人はこういうとき、こうするべきだ」と一定の厳しさをもって方向性を示したりしなければならないときもあります。

　こうした点から、Ⓟの部分には、自分や他人への厳しさや理想の高さ、責任感、正義感などを表すＣＰ（Critical Parent の略：**批判的な親**）と、周囲に対する思いやりの気持ちや養育的、肯定的な態度を表すＮＰ（Nurturing Parent の略：**養育的な親**）の２つの面があると考えます。

(2) 大人の自我状態Ⓐ

　Ⓐは、「Adult」の略で、文字どおり**大人の部分**です。
　人は、幼い頃は親から影響を受けて形づくられてきた価値観や子ども本来の感情に従った行動をとりがちですが、成長する過程でのさまざまな経験を通して、現実的で、客観的に物事を見る「大人」の目が次第に育ってきます。
　Ⓐは、感情や思い込みにとらわれず、「今、ここ」の事実にそって物事を考える部分です。また、複数のデータや情報を集めて、それらを総合的に分析し、判断して、論理的、理性的に物事に対応していく部分でもあります。
　「論理」とは、物事を識別し、整理することによって秩序立てられた思考のまとまりです。その点、Ⓐはいわば、物事を「分ける」働きをもった部分と言えます。

(3) 子どもの自我状態Ⓒ（ＦＣとＡＣ）

　Ⓒは「Child」の略で、人が本来もっている**子どもの部分**を表します。
　小さな子どもは本能のかたまりです。いろいろなものに興味をもち、感じたままを感じたとおりに表現します。その一方で、子どもは自分だけでは生きていけないため、親からの愛情を受け、育ててもらう必要があります。そのため、成長の過程で、親の言うことを聞き、親の期待に応えるように行動する部分が育ってきます。
　そこで、Ⓒには、自然なありのままの感情を表現する態度や、自由な発想で新しいものを創造する力を表すＦＣ（Free Child の略：**自由な子ども**）と、人の注意を聞いたり規則を守ったりするなど、周囲に合わせた態度や我慢強さを表すＡＣ（Adapted Child の略：**順応した子ども**）という２つの面があると考えます。

第1章　私の中の「3つの私」　*13*

3　自我状態の識別の仕方

　では、どうやって、これらの自我状態を見分けていけばいいのでしょうか。

　心の中では何が起こっているのか、外からは見えません。その点、交流分析は、心の中の動きがもとになって表れてくる言葉や行動に焦点を当てて、心の働きや状態を分類しています。言葉や行動であれば、外からの観察によってその傾向をとらえることができるからです。

　また、私たちのコミュニケーションにおいては、言語的なメッセージよりも非言語的なメッセージのほうが影響力をもちます。言葉よりも、その言葉を発しているときの声の調子や態度などに、その人の特徴がよく表れるのです。そこで、相手の言動を観察するときは、相手の発している言語的なメッセージだけでなく、非言語的なメッセージにも注意する必要があります。

　たとえば、「いいよ」といった肯定的な言葉でも、その声の調子や表情、態度などによって、さまざまなメッセージを含んでいます。にこにこ笑いながら言う場合もありますし、状況によってはすねたように言う場合もあるでしょう。

　このように、相手がよく用いている言葉や、言葉を発するときの声の調子、表情や態度について注意しながら見ていると、その場面において、その人のどの自我状態が主導権をもっているのか、とらえやすくなります。

　表1-1は、自我状態が、声の調子や表情・態度の中にどのように表れやすいかという点について整理したものです。表1-1をもとに、次の【紙上ゼミナール1】について、それぞれの場合の声の調子や表情、態度をイメージしながら考えてみてください。

表1-1　自我状態の表れ方

	言語的メッセージ	非言語的メッセージ	
	言　葉	声の調子	表情・態度
CP	それが当然だ。 格言やことわざを引用して話す。 ……しなくてはならなかったのに。 理屈を言うな。 本当にそうか？ ばかだな。何をやっているんだ？ 後悔することになるぞ。 おまえなんか知るか。 いったい何があったんだ？　言いなさい。 必ず私に話を通しなさい。	断定的 教訓的 責める 威圧的 疑い、不信 嘲笑的 威嚇的 否定的 問い詰める 押しつけ調	全能的(自信過剰) 見下ろす 落胆を見せつける 拳で机をたたく 尊大・ボス的 見下げる、皮肉っぽく笑う 直接指さす けんか腰 にらむ 特別扱いを要求
NP	……してあげよう。 大丈夫だよ。 いいんだよ。 寂しい(くやしい)よね。 かわいそうに……。 よくできたよ。よくやったね。 何かあったの？ きみのこと、応援しているよ。	やさしい 安心感、穏やか 非懲罰的 共感的 同情的 肯定的 心配 励まし	手をさしのべる ほほえむ 受容的 肩に手を置く 気づかい 世話をやく ゆっくり耳を傾ける 目線を合わせる
A	まてまて。 誰がしたのかな？ いつ、どこでそうしたの？ どういうことがあったのかな？ なぜそうなったのかな？ ……と思う。 具体的に言うと……。 ちょっと考えてみよう。 私の意見では……。	落ち着いた低い声 単調 一定の音調 乱れてない 冷静 相手に合わせる はっきり 慎重な態度 自覚的言動	注意深く聴く 冷静 観察的 安定した態度 相手と目を合わせる 時に打算的 考えをまとめる 計算されている 対等な態度
FC	やったあ！　すごーい！ きれいだ！　うれしい！ ……がしたい(ほしい)。 好きよ！(嫌い！) どれどれ？　おもしろそう！ さあ、やってみよう。 なんとかなるよ。 お願い……やって(助けて)。	開放的、大声 のびのび、楽しそう 自由 感覚的、感情的 好奇心、無邪気 周りに呼びかける 明るい 甘える	身体全体を使った表現 活発な動作 よく笑う 感じたままを表情に出す 身を乗り出す 自分から進んでやる 楽観的、時に現実離れ リラックス
AC	困るんです。 ……していいでしょうか。 よくわかりません。 どうせ、いつもだめなんだ。 どうせ私なんか……。 少しもわかってくれない。 いつもオレばかり……。 わかりました。もういいです。	ぼそぼそした声 遠慮、もじもじ 自信がない 自己嫌悪 陰のある響き すねた響き うらみがましい 時に激しく怒る	まともに見ない、うつむく 相手の様子をうかがう おどおどした態度 ため息 同情を誘う 反抗的 にらむ、目をそむける 斜に構える

紙上ゼミナール 1　声の調子や表情・態度から自我状態をイメージしよう

次の状況においては、どの自我状態が主導権を握っていると思いますか？

① 苦手だった教科で70点をとってあなたに報告してきた子どもの自我状態。
　　（CP　NP　Ⓐ　FC　AC）
② あなたに叱られ、「うっとうしい！」と言い返してきた子どもの自我状態。
　　（CP　NP　Ⓐ　FC　AC）
③「先生はオレのことをわかってくれない」と言ってくる子どもの自我状態。
　　（CP　NP　Ⓐ　FC　AC）
④ 動作のゆっくりとした友達に対して、イライラしている子どもの自我状態。
　　（CP　NP　Ⓐ　FC　AC）
⑤ 元気のない友達に「大丈夫？」と声をかけている子どもの自我状態。
　　（CP　NP　Ⓐ　FC　AC）
⑥「さっきの話はどういうことですか？」と質問してくる子どもの自我状態。
　　（CP　NP　Ⓐ　FC　AC）
⑦ 先生に頼みごとをしたいのに、なかなかそれを言い出せないでいる子どもの自我状態。
　　（CP　NP　Ⓐ　FC　AC）
⑧ 子どもに質問したが返事が返ってこず、「こんなこともわからないのか」と思ったあなたの自我状態。
　　（CP　NP　Ⓐ　FC　AC）
⑨ 子どもと一緒に冗談を言って笑い合っているあなたの自我状態。
　　（CP　NP　Ⓐ　FC　AC）
⑩ 子どもがなんとか1つのことを仕上げたとき、「よくやったね」と声をかけたあなたの自我状態。
　　（CP　NP　Ⓐ　FC　AC）

【紙上ゼミナール1】の解説と解答

①の子どもは、どのような様子でしょうか。思わず「やったあ！」という感じで、ニコニコしていることでしょう。その表情や態度にはのびのびした喜びがあふれているのではないでしょうか。となると、この場面ではＦＣが前面に出てきていると考えられます。(解答：ＦＣ)

②の子どもはあなたが叱ったことを素直に受け入れていないようです。反抗的で、あなたをにらむ感じでしょうか。

こうした場面では、子どもから激しい攻撃性が向けられているように感じられ、ＣＰの表れだと考えることもできますが、結論から言うと、こうした反抗的な態度はＡＣの表れと考えたほうが、その後の対応について理解しやすくなります。

相手に向けられた攻撃性については、それがＣＰからくるものかＡＣからくるものか、最初はなかなか判断しにくいものです。ＣＰは自分の価値基準からはずれるものに対して批判的な言動となって表れてくる自我状態です。それに対してＡＣは、相手に「……してほしい」という気持ち（甘え）がかなえられずに、「……してくれない」と恨んだりすねたりする形になって表れてくる自我状態と考えると識別しやすくなります。

ＡＣの部分から生じてくる、こうした恨みの感情は、ときどき激しい攻撃的な態度となって表れてきます。②の状況の子どもも、本当はあなたに否定されたくはないのでしょう。このように、「……してくれない」といった感情が背景にある場合は、ＣＰではなくＡＣが強く表れてきていると考えます。（解答：ＡＣまたはＣＰ）

③の子どもにも、②の子どもと同様の心の働きがあります。本当はわかってほしいのですが、それがかなわずにすねているのです。このように、「……してくれない」という表現には依存の心理が働いています。その裏には、「……してほしい」という期待や甘えの気持ちがあるのです。

こうした場合は大きく分けて２通り考えられます。まずは、周囲の大人がその子どもの言うことを聞き入れることが多いために、聞き入れてくれるのが当たり前だと思うようになり、聞き入れてくれない大人に出会うとすねたり恨んだりする場合です。

逆に、普段から周りの大人が自分の甘えを受け入れてくれない状況で育ってきた子どもも、素直な形で自分の甘えを表すことができず、大人を前にするとついつい斜に構えてしまいます。前者よりも後者の子どものほうに、ＡＣが強く働いていると考えられます。（解答：ＡＣ）

④の子どもの「イライラした」感じはどこから伝わってくるでしょうか。その友達をにらんでいるのでしょうか。あるいは、友達を見て、これみよがしにため息をついているのでしょうか。ゆっくりした動作をしている友達を責めている感じが伝わってくるとすれば、それはＣＰが強く表れている状態と考えられます。相手の立場に立つよりも自分の立場を優先する面がＣＰにはあります。ひょっとしたら、その子自身も周囲の大人から、「早く、早く」とせきたてられることが多いのかもしれません。（解答：ＣＰ）

⑤の子どもはどんな声の調子で友達に声をかけていますか。声の調子は穏やかで、

やさしく、心配しているような感じでしょうか。子どもの目の高さは声をかける友達の位置まで下がっているでしょうか。そうであれば、ＮＰが強く表れている状態でしょう。ただ、「大丈夫かよ。まったく……（いいかげんにしてくれよ）」という感じであれば、ＣＰが強く表れていると考えられます。同じ言葉でも、そのときに表面に表れてくる声の調子や態度によって、自我状態の識別の仕方が変わってきます。（解答：ＮＰまたはＣＰ）

⑥の子どもは、どんな表情や態度であなたに尋ねてきているでしょうか。「何言っているのか、さっぱり意味がわかんないよ！」と問い詰める感じでしょうか。言葉そのものは冷静な感じがしますが、そこにどのような感情が乗るかによって伝わるメッセージは異なってきます。落ち着いた、どちらかと言えば平板な感じがすれば、その言葉は事実を確認しようとするⒶの表れであると考えられます。問い詰める感じが子どもの表情や態度に感じられた場合はＣＰと考えられます。（解答：ⒶまたはＣＰ）

⑦のように、誰かに頼みごとをしたいときに素直に頼めないのは、まず「相手が自分のことをどう思うか」と考えてしまうからでしょう。そのときに頭に浮かぶことは決して肯定的なイメージではないはずです。「もし頼んで断られたらどうしよう……」「引き受けてくれたとしても、自分が悪く思われたらどうしよう……」などと考えていくと、他人に頼むよりも自分でやったほうが気が楽ということになりがちです。

　何かものを頼むことは、相手に甘えることです。素直に甘えることができるためには、自分の甘えは受け入れられるはずだという自己肯定感が必要です。その点、ＦＣの高い人は人にものを頼みやすいと言えます。一方、この設問の子どものようにＡＣの高い人は、相対的に自己肯定感が低く、相手のことを気にして自分の甘えを抑えがちです。（解答：ＡＣ）

⑧のように考えてしまうのは、「自分が言ったことは相手もわかって当然だから、わかるべきだ」というとらえ方が強くあるからです。このように、「相手が自分の価値判断に合わせるべきだ」という気持ちが強いと、相手が期待にはずれた行動をとった場合、その相手に対する否定的な感情や言動となって表れてきやすくなります。このような傾向が強い人は、ＣＰが強く表れてきやすい人だと考えられます。（解答：ＣＰ）

⑨の様子はきっとにぎやかで楽しそうでしょう。身体全体を使い、身振り手振りも交えて話をしているのかもしれません。このようによく笑い、活発に身体を動かしている場合には、ＦＣの働きが強くなっていると考えられます。子どもと一緒にこうしたかかわりができているときには、あなただけでなく子どものＦＣの働きも活性化しています。（解答：ＦＣ）

⑩の設問のように、子どもがなんとか１つのことを仕上げた場面で、「できて当たり前だ」という自分の価値判断を強くもっていると、「よくやったね」という言葉は出てきません。子どもは失敗しながらもなんとか成し遂げたわけです。他の子どものでき具合や一般的な難易度よりも、目の前の子どもの気持ちに焦点を当てたときに、「よくやったね」という言葉が出てくるのでしょう。このように、今、目の前にいる相手の気持ちにそって、相手の言動の肯定的な部分を見ていこうとする心の働きを表した自我状態はＮＰです。（解答：ＮＰ）

　このように、交流分析の自我状態の考え方は、目には見えない心の働きや状態を、表面に表れてきた人の言動からとらえるという点で有効な視点を提供してくれます。
　さて、ついさっき【紙上ゼミナール１】について考えていく過程で、あなたが用いた自我状態は何でしょうか。
　そうです。それはⒶです。Ⓐは、物事を「分ける」働きをもった理性の部分です。なかなかわかりにくい相手や自分の言動も、５つの自我状態のどれにあてはまるか検討して、分けていくことによって、混沌とした心の状態が整理されてわかりやすくなっていきます。

　次章で取り上げるエゴグラムは、これら５つの自我状態の働きをグラフに表して、その人の心のエネルギーの働きが視覚的に把握できるようにしたものです。

第1章 コラム 「わかる」ことは、「分ける」こと

　「わかる」という言葉の語源は、「分ける」ことです。

　「わかる」ことが「分ける」ことなら、「わからない」状態とは、分けられていない、混沌とした状態と言えます。こうした「分け」の「わからない」状態に置かれると、私たちは不安になりがちです。

　私たちは、「きっとこれはこうなるんだろう」とあらかじめ予想できる物事については、特に不安を感じることはありません。ところが、予想できない物事については、「これからどうなるんだろう」といった不安を感じます。私たちにとって、この先どうなるか予想がつかない状況というのはとても不安なのです。

　こうした状況に対応するために、私たちは、それぞれの人生の中で得た知識やさまざまな経験をもとに、とらえ方の枠組みをつくり上げてきました。わからない事象と出くわしたときには、自分のもっている知識や経験の枠組みと照らし合わせて、その枠組みの中に分類していくことで、ある程度予測がつく状態にして安心しようとするのです。そして、私たちは目の前の事象を自分の経験の枠組みの中に分類することができたときに「わかった」と感じて、納得したり安心したりします。つまり、「わかる」ために、私たちは「分け」の「わからない」状態を「分ける」ことから始めているのです。

　たとえば、私たちは、目の前の子どもを「分ける」ときに、「いい子」か「悪い子」かという基準で見ることがあります。ところが、すべての子どもを「いい子」か「悪い子」かのどちらかに分けることは難しいものです。そこで、「いい子」にも「悪い子」にも分けられない子どもに対して考え出された分類が「普通の子」であると思うのです。だから、もともと「普通の子」とは「わからない（分けられない）子」と言えるのではないでしょうか。

　このようにして、私たちはさまざまなものを分けていきます。分けることで自分を取り巻く世界に秩序を与え、安心を得ます。しかし、これまでの自分の知識や経験の枠組みでは対応できない事象に出くわすことがあります。たとえば、「いい子」と思っていた子

どもが大きな問題を起こしたとき、私たちは混乱し、不安になります。このように、今までの自分の経験や知識と照らし合わせても、相手の言動の意味や心の動きがわからない場合は、自分の経験の枠組みではない、新たな枠組みを求めるようになります。心理学の理論や技法は、そうした新たな枠組みの1つだと言えます。

　心理学は、わかりにくい心の世界を扱う学問です。わかりにくいものをわかりやすくするために、その働きや状態によって混沌とした心の世界をいくつかの部分に「分けて」理解しようとします。

　たとえば、交流分析では、心の働きをCP・NP・Ⓐ・FC・ACという5つの部分に「分けて」説明しようとします。このように「分ける」ことによって、わかりにくい心の状態や働きについて、わかりやすく説明することができるようになるのです。

　ただ、わかりやすければそれでいいのかというと、それはまた疑問です。

　心の世界はすっきり分けられることばかりではありません。むしろ分けられないことのほうが多い世界です。たとえば、心には5つの部分があると言っても、これらの間で明確な線引きができるわけではありません。しかし、明確な線引きにばかりこだわっていると、いつまでも分けることができません。

　そこで、分けにくい部分よりは分けやすい部分に焦点を当てて、物事を整理します。つまり、「わかりやすさ」とは、わかりにくい部分（どちらにも分けにくい部分）を捨てることによって生まれてくるものだと思うのです。わかりやすさは、わかりにくい部分を捨てれば捨てるほど増していくわけです。しかしその一方で、わかりやすくなればなるほど物事の一部分しかとらえることができなくなっていくというジレンマがあるのです。

　このように考えていくと、人が人をわかるためには、安易にわかろうとせず、「わからなさを抱える力」が必要になってくると思えてきます。ただ、まったくわからない状態に私たちは耐えられませんから、「わからなさを抱える力」のためには、「ある程度わかる力」が必要になります。そのために、交流分析をはじめとする心理学の理論が用いられるのです。

　交流分析の理論はわかりやすく、人を理解する上で有効な視点を提供してくれます。しかし、それを絶対視して、人を理論に無理やり押し込めるような理解は避けたいものです。自己理解・他者理解や関係性の理解等を含めて、人を理解していくという視点を心がけたいものです。

第2章 エゴグラムの基礎を知ろう

1　自他を見つめる視点としてのエゴグラム

　自我状態のとらえ方だけでも、子どもの言動からその内面を考えていく上で有効な視点となりますが、自我状態は単独で働いているわけではありません。5つの自我状態は相互に関連し合って働いています。
　エゴグラムは、5つの自我状態の相互関係を視覚的に表し、心全体の働き方をとらえるための有効な視点になります。

(1) エゴグラムとは

　エゴグラムを開発したのは、J・デュセイというアメリカの心理学者でした。彼は、「エゴグラムとは、それぞれのパーソナリティの各部分同士の関係と、外部に放出している心的エネルギーの量を棒グラフで示したものである」と定義しています。自我状態の1つ1つが心のエネルギーであるととらえ、それを数量化することで、心の働きをとらえようと考えたのです。
　自我状態という心のエネルギーの表れ方は、個人によって異なります。デュセイは、

そのエネルギーの表れ方を直感的に判断し、グラフとして視覚的に示すことによって、心の働き方の特徴をつかもうとしました。自我状態のバランスや特徴をつかむことができると、その人が今後どの部分に気をつけていけばいいのかといった課題がわかりやすくなり、自己理解の資料にすることができるという発想があったようです。

このように、エゴグラムが開発されたときは、診断する人の直感によって作図されていました。しかし、その方法によると、自我状態を的確に分析するためには、交流分析理論についての専門的な理解や、一定レベルの研修やトレーニングを経ることが必要になります。また、直感に頼りすぎると、その理解の仕方は、客観性を欠いた主観的なものになりがちです。

そこで、特別な学習や研修を経ていない人でもエゴグラムを作図して活用できるように、さまざまな質問紙が開発されてきました。

(2) エゴグラムの質問紙の種類

わが国においても、表2-1のように、さまざまなエゴグラムの質問紙が開発されています。

筆者は、個別面談の場面では、（予算に余裕がある限り）できるだけ「東大式エゴグラム」（略称はＴＥＧ）を用いますが、心理教育プログラムを実施したり心理教育授業などで用いたりする場合には、「桂式 自己成長エゴグラム」（Self Grown-up Egogram：略称はＳＧＥ）を用いるようにしています。

「東大式エゴグラム」は、市販されているだけあって、質問紙としての信頼性や妥当性は最も優れていると思われます。また、偏位尺度（常識的かどうかの判断）、疑問尺度（結果の信頼性）が備えられており、回答した人の回答結果が分析に値するかどうかといった判断もできます。

一方、「桂式 自己成長エゴグラム」は、①まだ商品化されていないので誰でもコピーして使用できる、②思考や信念を表す項目を除外し、行動を示す質問項目により構成されているため、初心者でも助言しやすい、③統計的手続きを経て標準化されている

表2-1 エゴグラムの質問紙の一例

名　称	開発者	出典・販売元
エゴグラム・チェックリスト	杉田峰康	『教育カウンセリングと交流分析』（チーム医療）
ECL-R	新里里春	『交流分析療法』（チーム医療）
桂式 自己成長エゴグラム（ＳＧＥ）	桂、芦原ら	『自己成長エゴグラム』（チーム医療）
AN-EGOGRAM	赤坂、根津	心理テストとして市販（千葉テストセンター）
ＴＥＧ（東大式エゴグラム）Ⅱ	東大医学部	心理テストとして市販（チーム医療）
TAOK	杉田ら	心理テストとして市販（適性科学研究センター）
ＰＣエゴグラム	桂、新里ら	心理テストとして市販（適性科学研究センター）

ので心理テストとしての信用性も高い、といった利点があります。

2 エゴグラムを読み取るポイント

では実際に、「桂式 自己成長エゴグラム（SGE）」に取り組んでみましょう。

紙上ゼミナール2　自分のエゴグラムを描いてみよう

「桂式 自己成長エゴグラム（SGE）」の質問紙（p.26〜27）に回答してください。

問いは50問あります。それらの質問に、できるだけ「はい」「いいえ」のいずれかで答えてください。（コピーをとって書き込むことをおすすめします）

なお、「はい（○）」は2点、「どちらでもない（△）」は1点、「いいえ（×）」は0点で集計します。

【紙上ゼミナール2】の解説

実際に取り組んでみた感想はいかがでしょうか。1つ1つの質問項目に対して、「はい」「いいえ」でスッキリと答えられないと感じた方も多いのではないでしょうか。

たとえば、最初の質問の「間違ったことに対して、間違いだと言います」という項目について考えてみると、すべての場合において「はい」と言えるかというと、相手との関係やその場の状況によっては「間違いだと言えない」場合もあるでしょう。

先ほどもふれましたとおり、「わかる」の語源は「分ける」です。「わかる」ためにはどちらかに「分ける」必要があります。「はい」か「いいえ」のどちらかに「分ける」ことで心の中を分析することを前提に成り立っているのが質問紙検査です。しかし、1つ1つの質問について突き詰めて考えていくと、結局は「わからない」という回答が多くなってしまいます。

「わからない」という回答だけで答えても採点自体はできるので、エゴグラムのパターンは描けます。しかし、それが分析の対象として適当かというと疑わしくなります。そこで、できるだけ「どちらかを選べと言われれば、こっち」というように直感で分けるように指示します。

(1) エゴグラムを見るポイント

エゴグラムを見るポイントは、主に次の3点です。

桂式　自己成長エゴグラム
(Self Grow-up Egogram：SGE)

名前＿＿＿＿＿＿＿　年齢＿＿＿＿＿　男・女　施行日　年　月　日

以下の質問に、はい（○）、どちらでもない（△）、いいえ（×）のようにお答えください。ただし、できるだけ○か×で答えるようにしてください。

CP（合計　点）

1. 間違ったことに対して、間違いだと言います。	
2. 時間を守らないことは嫌です。	
3. 規則やルールを守ります。	
4. 人や自分をとがめます。	
5. "〜すべきである"、"〜ねばならない"と思います。	
6. 決めたことは最後まで守らないと気がすみません。	
7. 借りたお金を期限までに返さないと気になります。	
8. 約束を破ることはありません。	
9. 不正なことには妥協しません。	
10. 無責任な人を見ると許せません。	

NP（合計　点）

1. 思いやりがあります。	
2. 人をほめるのが上手です。	
3. 人の話をよく聞いてあげます。	
4. 人の気持ちを考えます。	
5. ちょっとした贈り物でもしたいほうです。	
6. 人の失敗には寛大です。	
7. 世話好きです。	
8. 自分から温かく挨拶します。	
9. 困っている人を見ると何とかしてあげます。	
10. 子供や目下の人を可愛がります。	

Ⓐ（合計　点）

1. 何でも、何が中心問題か考え直します。	
2. 物事を分析して、事実に基づいて考えます。	
3. "なぜ"そうなのか理由を検討します。	
4. 情緒的というより理論的です。	
5. 新聞の社会面などには関心があります。	
6. 結末を予測して、準備します。	
7. 物事を冷静に判断します。	
8. わからない時はわかるまで追求します。	
9. 仕事や生活の予定を記録します。	
10. 他の人ならどうするだろうかと客観視します。	

FC (合計点)	1. してみたいことがいっぱいあります。	
	2. 気分転換が上手です。	
	3. よく笑います。	
	4. 好奇心が強いほうです。	
	5. 物事を明るく考えます。	
	6. 茶目っ気があります。	
	7. 新しいことが好きです。	
	8. 将来の夢や楽しいことを空想するのが好きです。	
	9. 趣味が豊かです。	
	10. "すごい""わぁー""へぇー"等の感嘆詞を使います。	

AC (合計点)	1. 人の気持ちが気になって合わせてしまいます。	
	2. 人前に出るより、後ろに引っ込んでしまいます。	
	3. よく後悔します。	
	4. 相手の顔色をうかがいます。	
	5. 不愉快なことがあっても口に出さず、抑えてしまいます。	
	6. 人によく思われようと振る舞います。	
	7. 協調性があります。	
	8. 遠慮がちです。	
	9. 周囲の人の意見にふりまわされます。	
	10. 自分が悪くもないのに、すぐ謝ります。	

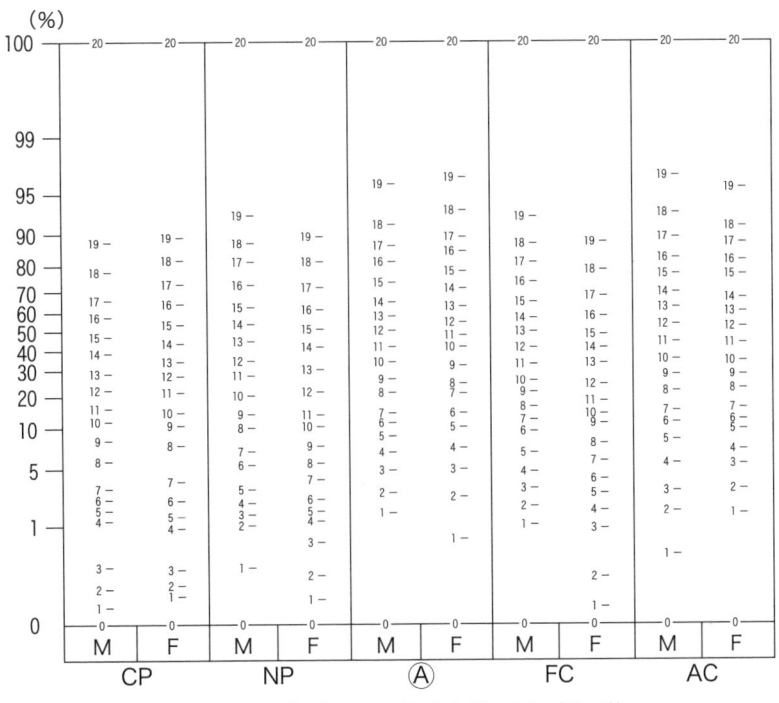

＊○は２点、△は１点、×は０点で集計し、男性は上図のМの欄の数値に、女性はＦの欄の数値に印をして直線でつなぎます。

(Ashihara & CPW 1991)

① 自我状態の高低から読み取る

　一番の基本は、「最も高い自我状態と、最も低い自我状態はどれか」を判断することです。日常のその人の言動やコミュニケーションにおいては、最も高い自我状態（最も優位の自我状態）が主導権を握りやすいと考えられます。そこで、まずは、エゴグラムのグラフの中で、最も高かったのは、CP、NP、Ⓐ、FC、ACのどれかを検討します。もし2つの自我状態が優位で同じスコアを示した場合は、その2つが優位なタイプのエゴグラムとします。一方、ある自我状態が低い場合は、それぞれの自我状態の特色とは逆の表れ方をして、その人の言動に影響を与えます。

　表2-2を見てください。ここでは、自我状態の高低でエゴグラムを見るポイントを整理しました。それぞれの自我状態は「高ければいい、低いとよくない」と一面的に評価するものでなく、高い場合、低い場合、それぞれにプラスの面とマイナスの面があります。ただ、個々の自我状態が他と比べて高すぎたり低すぎたりすると、マイナス面の特徴が表れやすくなります。ですから、エゴグラムパターンを優位型・低位型という視点から見るにあたっては、他の自我状態とのバランスにおいて、それぞれの自我状態についてプラス・マイナス両方の面を見ていくことが必要です。

② エゴグラムパターンの視覚的特徴から読み取る

　エゴグラムパターンには、優位型・低位型のような単純なパターンだけではなく、優位型と低位型を組み合わせた複合的なパターンがあります。折れ線グラフで表すと、表2-3のようにN型、逆N型、M型、V型、W型といった視覚的特徴をもったパターンに分けることができます。

　ただ、こうした特定の型にぴったりと当てはめて分析できることばかりではありません。むしろ典型的なパターンとは微妙なズレが生じてくる場合が多いのが実際です。

③ エゴグラムパターンの上下の位置から検討する

　自我状態の高低と視覚的パターンが、エゴグラムを見るときの基本的な視点ですが、上下どこに位置づけられるかという視点も、その人の状態を考える材料になります。

　図2-1を見てください。①と②はそれぞれ上と下に位置づけられています。①の

図2-1　エゴグラムパターンの位置

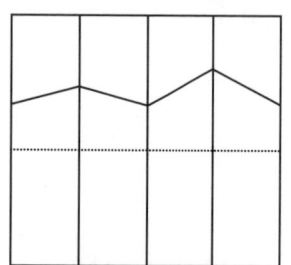

① 全体的に上に位置する　　② 全体的に下に位置する　　③ 上下の差が大きい

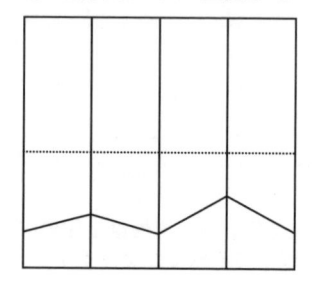

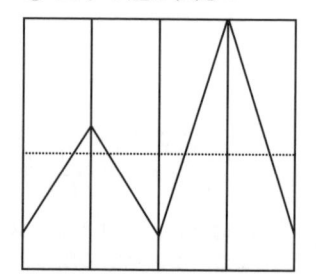

表2-2　自我状態の高い場合と低い場合の思考や行動の特色とエゴグラムパターン

		CP	NP	Ⓐ	FC	AC
エゴグラムパターン優位		(図)	(図)	(図)	(図)	(図)
高い ↑↑↑	マイナス面	・建前にこだわる ・中途半端を許さない ・批判的である ・自分の価値観を絶対と思う	・過保護・干渉しすぎ(抱え込み) ・相手の自主性をだめにする ・相手を甘やかす	・機械的に対応するところがあり、冷たい感じ ・損か得かで行動することが多い	・自己中心的になりやすい ・好き嫌いが強い ・感情的になりやすい	・依存心が強く、引っ込み思案 ・なかなか自信がもてない ・甘え下手で、うらみがましい
	プラス面	・理想を追求する ・良心に従う ・ルールを守る ・義務感、責任感が強い ・よく努力する	・相手に共感、同情する ・世話好き ・ボランティア精神が旺盛 ・弱者の味方	・理性的で、冷静に物事を考え、行動する ・思い込みでなく、客観的に判断する	・明るく元気で活発 ・好奇心が強い ・ひらめきがあって、創造性豊か ・甘え上手	・協調性がある ・人の言うことをよく聞く ・慎重である ・おとなしく、まじめな印象
		CP	NP	Ⓐ	FC	AC
↓↓↓ 低い	プラス面	・おっとりしている ・融通がきく ・常識にとらわれない ・柔軟性がある	・人間関係にさっぱりしており、周囲に干渉しない	・人間味がある ・お人好しである ・損得で物事を考えない	・おとなしく、まじめな印象 ・その場の感情におぼれず、慎重である	・マイペースで行動できる ・物事に自主的、積極的に取り組む
	マイナス面	・ルーズで、ルールを守らない ・のんびりしすぎ ・けじめがない ・批判力を欠く ・「まあ、いいか」と現状に流されやすい	・相手に共感したり同情したりせず、冷たい印象を与えやすい ・気配りが足りず、周囲から誤解される ・さびしがりや	・現実を無視しがちで、思い込みが強い ・計画性がない ・論理的に物事を考えない ・判断力が弱い	・感情をあまり表に出せない ・おもしろみがない印象を与える ・自分に自信がもてず、不安に陥りやすい	・人の言うことを聞かず、協調性が足りない ・自己中心的で、否定的な感情もそのまま表に出しやすい
エゴグラムパターン低位		(図)	(図)	(図)	(図)	(図)
		CP NP Ⓐ FC AC	CP NP Ⓐ FC AC	CP NP Ⓐ FC AC	CP NP Ⓐ FC AC	CP NP Ⓐ FC AC

第2章　エゴグラムの基礎を知ろう

表2-3 エゴグラムパターンの視覚的特徴

	パターン		特徴
N型	(CP低、NP高、A低、FC低、AC高)	N型は基本的にCPが低く、ACが高いタイプ。あまり批判的になることもなく、ただ周りに対していやと言えずに、黙々と与えられたことをこなす点が特徴。	ⒶAが低く、NPとACが高いため、「今、ここ」で何が大切なのかという現実検討が不十分で、頼まれたことや命じられたことをいやと言えずにやりとげようとする。そのため、人に利用されたり要求された以上に相手に尽くしたりしがち。
	(CP低、NP高、A低、FC低、AC高)		NPとACが高く、頼まれたら断ることができず、自分の楽しみは後回しにして人に合わせたり面倒をみたりすることが多いので、周りの人からは好感をもたれている。反面、FCが低く、本人はその状況を楽しめずに、ストレスをためがち。
	(CP低、NP高、A高、FC低、AC高)		Ⓐが高く、現実検討はある程度できるものの、高いACから、周囲に対して従順で、おとなしくまじめな印象を与える。半面、FCが低く、上手に休みをとったりストレスを発散したりすることがなかなかできず、ストレスをためがち。
逆N型	(CP高、NP低、A高、FC高、AC低)	逆N型はN型と対照的にCPが高く、相手に否定的な言動をとりがちです。また、ACが低く、周囲の思惑を気にしない。そのため、対人関係トラブルを起こしがちだが、本人の葛藤は少なく、周囲だけが振り回されることになりがち。	Ⓐが高く、合理的で現実検討は十分できる。また、CPが高く、「こうあるべき」という理想をもっている分、周囲に対して批判的で、なかなか妥協しない。NPとACがかなり低い場合は、親密な対人関係を築くのが難しい傾向にある。
	(CP高、NP低、A低、FC高、AC低)		自己主張が強く、活発で行動的だが、NPとACが極端に低い場合は、相手に対する配慮や罪悪感が少なく、わがままな言動をとりがち。そのわりに、高いFCからくる明るさや無邪気さゆえ、周りから憎まれることは少ない。NPとACが平均的であれば、自他のバランスがとれている。
	(CP高、NP低、A低、FC高、AC低)		Ⓐが低く、FCが高いところから、思い込みが強く、気分によって言動が左右されがち。自分への気づきが不十分で、相手への配慮を欠き、責任回避や責任転嫁をするため、周囲が振り回されることがしばしばある。
M型	(CP低、NP高、A低、FC高、AC低)		M型は、高いNPとFCに、低いCP、Ⓐ、ACに特徴がある。なだらかなM型であれば、他者への配慮も自己主張もでき、責任感や現実検討能力も備え、周囲とうまく適応できる。しかし、極端なM型になると、人情味はあっても感情的になりがち。うまくいっているときはいいが、何かのトラブルがあると、本人自身も自分の衝動に振り回されて、どうしていいのかわからなくなってしまうことがある。特に、Ⓐが低い場合はその傾向が強くなる。
V型	(CP高、NP低、A低、FC低、AC高)		高いCPは「こうあるべき」という理想を求めるが、一方、高いACは、周囲のことを考えてそれを外に出すことを抑え、両者の間でしばしば葛藤状態に陥りがち。Ⓐが低い場合は自分への気づきが不十分なため、葛藤状態をなかなか解消できない。また、NPとFCが低い場合は、他者との親密なかかわりが難しく、ストレスを自分の中にためこみがち。
W型	(CP高、NP低、A高、FC低、AC高)		W型はV型の特徴である葛藤状態を抱えながら、高いCP、Ⓐ、ACゆえ、何事にもきっちり取り組まないと気がすまない。その一方、たえず他人の評価が気になる。NPとFCが低いと、親密な人間関係やストレスの発散が苦手で、周囲から孤立して抑うつ状態に陥りやすくなる。何か困難な問題に直面したときには、健康な人でも一時的にW型になることがある。

ように描線が全体的に上半分に位置づけられている場合は、心のエネルギーが高いと考えられます。②のように下半分に位置づけられている場合は、心のエネルギーが低いと考えられます。疲れていたり落ち込んでいたりするときなどには、②のようになりがちです。

　また、③のように、それぞれの自我状態の高低差が大きい場合は、それぞれの自我状態の特徴が強くなります。表2-3の視覚的特徴をもったパターンで考えると、それぞれの特徴がいっそう顕著に表れてきます。

　では、実際のエゴグラムからそれを描いた人の状態を読み取ってみましょう。

紙上ゼミナール3　エゴグラムから人物像をイメージしよう

　表2-2、表2-3、図2-1を見ながら、智子さん（図2-2）と幹夫くん（図2-3）のエゴグラムパターンからわかることを述べてください。

① 智子さんのエゴグラムパターンからわかること

図2-2　智子さんのパターン

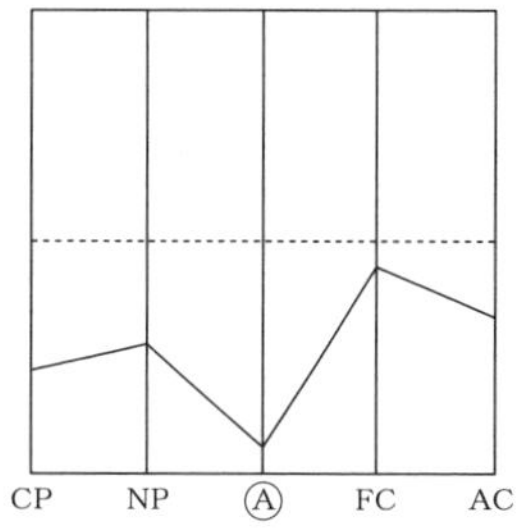

② 幹夫くんのエゴグラムパターンからわかること

図2-3　幹夫くんのパターン

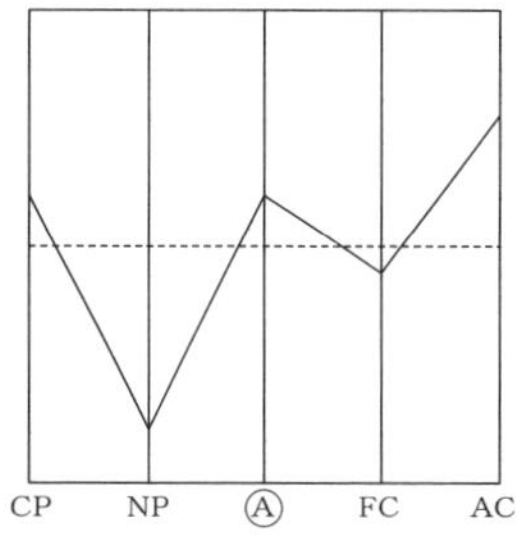

【紙上ゼミナール３】の解説

　図２-２の智子さんのパターンは、表２-３のＭ型のパターンに似ています。ただし、全体的に描線が下に位置していますので、心のエネルギー自体が低いと考えられます。ですから、きっと集団の中で特に目立つ感じはないでしょう。

　また、智子さんは、自我状態の中ではＦＣが最も高いので、ストレスをためることはなさそうです。また、パターン全体を見ると、右肩上がりのなだらかなＭ型ですから、集団の中にはそれとなく適応できています。

　ただ、Ⓐが低いので、自分の心の動きに気づくことが苦手で、その場の雰囲気や気分に流されやすいようです。たとえば進路選択場面など、自己決定が必要な場面ではとまどうことも多いでしょう。

　図２-３の幹夫くんのパターンを見ると、右肩上がりのＷ型です。最も高いのはＡＣですから、周囲に対する協調性はあるのですが、ＮＰが低いので親密な人間関係が苦手です。他と比べて相対的に高いⒶとＣＰによって、冷静に、そして時には批判的に周囲の様子を見て、行動している様子がうかがえます。ただ、人に合わせようとするＡＣと「人は自分に合わせるべき」と考えるＣＰとの間の葛藤が生じがちで、イライラすることが多いでしょう。

　このように、智子さんも幹夫くんも、典型的なパターンとは微妙にずれています。エゴグラムパターンを見るときは、典型的なパターンの特徴をつかんだ上で、実際のパターンとの微妙なズレを検討していく必要があります。

　そのためには、５つの自我状態の相互の関係について理解しておくことが必要です。

【紙上ゼミナール３】の解答例

---

① **智子さん（図２-２）のエゴグラムパターンからわかること**

　智子さんは、前に出るほうではありませんが、集団の中にはそれとなく適応できており、ストレスも発散できているようです。ただ、自分の心の動きに気づくことが苦手で、その場の雰囲気や気分に流されやすいようです。自己決定が必要な場面（たとえば進路選択場面など）ではとまどうことも多く、周囲やマスコミなどに影響されやすいところがありそうです。

② **幹夫くん（図２-３）のエゴグラムパターンからわかること**

　幹夫くんは周囲に対する協調性はあるのですが、親密な人間関係が苦手です。「自分は自分」という線引きをしがちです。また、冷静に、そして時には批判的に周囲の様子を見て、行動している様子がうかがえます。ただ、その一方で「こうあるべき」という思いも強く、両者の間で葛藤が生じやすく、気分が不安定になりがちです。

(2) 自我状態の相互の関係をつかむ

　自我状態の特徴を見ていくと、個々の自我状態は相互に関連し合って働いていることがうかがえます。これを図式化すると、図2-4のようになります。

① 「自己主体」か「他者主体」か
　自己の価値観を絶対的なものとみなして厳しく対応する部分がCPであり、自己の感情を自由に外に出そうとする部分がFCです。その点、CPとFCは「自己主体」の自我状態だと言えます。
　それに対して、NPとACは、「他者主体」の自我状態です。NPは相手の体調を気遣ったり相手を肯定的に見たりしていく自我状態であり、ACは相手の顔色を気にしたり相手に合わせたりする形で表れてくる自我状態だからです。
　このように、CP、NP、FC、ACという4つの自我状態は、自己を主体とするか、他者を主体とするかによって、前者がCPとFC、後者がNPとACというように、2つに分けられます。

② 自己や他者に対して、肯定的に評価するか否定的に評価するか
　自己と他者についてどのように評価しているかという点から見ると、CPとNPは他者への評価、FCとACは自己への評価という分類もできます。
　CPが高い場合は、自己の価値観を絶対的なものとみなすあまり、他者を自己に合わせようとして、他者に対して批判的、否定的な言動となって表れてきます。それに対して、NPが高い場合は、相手の状態を気遣ったり元気になるように励ましたりする動作となって表れてきますので、他者を支持的、肯定的にとらえている自我状態であると言えます。

図2-4　自我状態の相互関係

	自己主体	他者主体	
他者否定	CP 批判的	NP 養育的	他者肯定
自己肯定	FC 自由な	AC 順応した	自己否定
	自己主体	他者主体	

たとえば、図2-3の幹夫くんは、ＣＰが高く、ＮＰが低くなっており、どちらかというと他者に対する批判的、否定的態度が強いと考えられます。
　また、ＦＣが高い場合は、自己愛傾向が強く、自分の感覚を優先して行動しがちです。結果的に周囲の者は楽しんだり、時として腹を立てたりしますが、本人はあまりへこたれません。他者よりも自己に対する肯定感が強いことがうかがえます。それに対して、ＡＣは他者のことを気遣うあまり、自分を抑えてまで相手に配慮する傾向が見られます。その結果、自分を責めたり不安になったりして落ち込みがちです。このように、ＡＣが強い人は、自己に対する否定的感情が強いと考えられます。
　こうした傾向は、ＦＣとＡＣの差が大きいほど顕著になります。つまり、ＦＣの高い人は自分に対する否定的な言動より肯定的な言動に反応するのに対して、ＡＣの高い人は自分に対する否定的な言動に影響される傾向があるということです。そこで、ＡＣの高い人に対してうまくかかわるためには、できるだけ否定的な言動を避け、支持的・肯定的な態度を心がけることが必要になってきます。

③　自他への気づきの要Ⓐ

　さて、ここで、Ⓐはどんな働きをしているでしょうか。
　Ⓐは理性的、論理的に物事をとらえ、判断していく部分です。Ⓐが高い人は自己や他者に対する気づきがあるので、現実に適した判断や行動ができます。Ⓐは、ＣＰ、ＮＰ、ＦＣ、ＡＣといった他の自我状態がどのような状態にあり、どのように働いているのかという「今、ここ」の現実に気づき、それを調整する部分と言えます。
　たとえば、他者の誤りについて批判すればするほど、事態が悪くなっていく場合があります。そのときⒶは、「ＣＰの働きが強くなりすぎているのではないか」と自己を客観的に見て、「今、ＣＰを強く働かせていることがどのような結果を招くか」について、相手と自分の置かれている状況を検討します。そして、自分の心の状態が不適当だと判断した場合は、ＣＰの働きを抑えるようにするわけです。このように、自分の心の働きを相対化し、できるだけ客観的に見て、現状に適した対応をしようとする心の働きの部分がⒶであると言えます。
　そこで、エゴグラムを見る場合には、まず、Ⓐの部分が高いか低いかに注目してください。Ⓐが低い場合には、自分に対する気づきが不十分であるために、自分を省みる力が弱く、ＣＰ、ＮＰ、ＦＣ、ＡＣのいずれかの自我状態に振り回される傾向が強くなります。
　たとえば、図2-2の智子さんはⒶが低いため、エゴグラムの説明を聞いてもその説明と実際の自分を結びつけて考える力が弱く、自分への気づきが不十分になりがちです。そこで、できるだけ具体的な例や資料を提示したり、質問を繰り返したりしながら、智子さん自身の気づきを促す必要があります。
　このように、Ⓐが低い人については、まずは、自分自身への気づきを深める働きかけが必要です。この点は、子どもだけでなく、大人についても言えます。感情的にな

りがちな人は、自分を相対化したり対象化したりするのが苦手です。エゴグラムを扱う教師自身のⒶが低い場合にも、まずは教師自身が自分自身への気づきを十分に経験する必要があります。

　たとえば、「今、自分はどの自我状態が強くなっているんだろう？」「今、どの自我状態がうまく働いていないんだろう？」と自分を対象化して検討してみます。そう意識すること自体が、自分の中のⒶの部分を高めていくことにつながります。

　ただ、Ⓐが５つの自我状態の中で最も重要なのかというと、そうとも言えません。交流分析が誕生したアメリカにおいては、Ⓐの重要性がよく指摘されていますが、日本の場合は「知に働けば角が立つ」というように、Ⓐの部分が強すぎると、「打算的」「冷たい」「人間味がない」といった否定的な評価につながりがちです。つまり、文化や個人の置かれている状況や立場によって、求められる「知」と「情」のバランスは異なってくるのです。

(3) エゴグラムを用いる上で配慮すること

　エゴグラムも心理テストの１つである以上、安易に用いると、余計な誤解やトラブルを招くことがあります。
　私が子どもを対象としてエゴグラムを実施するときには、次の５つの点に気をつけています。

① 一方的な「診断」をせず、相手の「気づき」を促す
　心理テストを通して人が人を分析することは、分析する者が分析される相手に対して優位に立つことでもあります。エゴグラム分析についての書籍はいくつか出版されています。そうした本を用いて一方的な「診断」をしようとすると、そこには「評価」の視点が入ってきます。教師から子どもに対して一方的に分析結果を伝えるのではなく、「エゴグラムを介して教師が子どもとコミュニケーションをもち、その過程で子ども自身の気づきを促していく」というイメージで面談に臨みたいところです。
　エゴグラムを通して人の心の働きに気づき、その気づきを通して、今後自分がどのように考えていけばいいのかを検討するわけです。このように、教育場面においては、エゴグラムをかかわりの手段の１つとして用いる意識が必要だと思います。

② 実施の目的を明らかにする
　交流分析を学んだ教師は、「相談室でエゴグラムが受けられますよ」と子どもたちにインフォメーションすることと思います。その際、エゴグラムを受けにきた子どもには、何のためにエゴグラムを受けにきたのか、その目的を聞きます。進路選択のための自己理解や人間関係の悩み、ちょっとした占い気分など、子どもの目的によって対応の仕方が変わってくるからです。目的を明確にすることで、相手のニーズに合わ

せた対応ができます。

　ただし、子どもが口にした目的の裏側に、隠れた目的が潜んでいることがよくあります。たとえば、「自分の性格が知りたい」と言って来談した子どもが、友人関係のトラブルで悩んでおり、何とかしたいと思って来ていることもあります。時には、面談の過程で、子ども自身が気づいていなかった意識が表面に出てくることもあります。子どもの反応を見ながら、かかわりたいところです。

③ エゴグラムの効用と限界を明らかにしておく

　エゴグラムはすべての場合において有効なものかというと、そうではありません。その有効性と限界をわかっていないと、逆効果になることもあります。私は、エゴグラムの結果について話を始める前に、次の4点を確認するようにしています。

（a）エゴグラムは、その人の生活状態によって変化します。たとえば、授業中のエゴグラムと家庭でくつろいでいるときのエゴグラムとでは、変わってくるのが普通です。

（b）エゴグラムは、それぞれの行動パターンの特徴をとらえるためのもので、性格のよい・悪いを判断するものではありません。よいだけの結果も、悪いだけの結果もありません。どちらか一方だけを見ないようにしましょう。(Ⓐが低い子やＡＣの高い子は、暗示にかかりやすくなります。特に、ＡＣの高い子については、肯定的な面よりは否定的な面に反応しやすいことが予想されますので、特に注意が必要です。)

（c）私たちには、「こう答えたほうがよく思われる結果になるだろう」と考えて、自分が実際に思ったり感じたりしていたことと逆のことを回答する傾向があります。そのため、1回の実施だけでは、断定はできません。今回の結果は、自分について考えていく1つのきっかけと考えてください。

（d）その気になれば、自分を変えることはできます。エゴグラムを読み取ることによって、自分のどこをどのように変えていきたいか、変わっていくためにはどのような点に気をつければいいかをつかむことができます。

④ 相手の自我状態によって対応を考える

　エゴグラムの結果について検討するときには、相手の自我状態のどこが高いか、どこが低いかに注意して、対応するようにしています。

　たとえば、ＡＣが高い子は肯定的なメッセージよりも否定的なメッセージに影響を受けやすい傾向があります。そこで、ＡＣが相対的に高い子に対しては、相手の言葉を引き出しながら、（こちらのＮＰの部分を発揮して）相手の言葉にそって肯定的な側面に焦点を当てた働きかけをするようにします。

　また、Ⓐが低い子は、自分を客観的に見ることに慣れていません。そのため、思い込みが強くなったり感覚的に物事をとらえたりすることが多くて、自分に対する「気

づき」が不十分になりがちです。Ⓐが低くてＦＣが高い子は活発で明るいのですが自己中心的なところがあり、自分に都合の悪いことは心の中に入っていきません。Ⓐが低くてＡＣが高い子は、逆に自分に対する否定的な表現に強く反応し、影響を受ける傾向が強くなります。エゴグラムを通して子どもにかかわる場合は、全体の中でのⒶの位置づけをイメージしながらかかわることがポイントの１つになります。

⑤ グループの関係性に留意した対応を考える

子どもがエゴグラムの実施を希望してくる際、１人でなくグループで訪れる場合があります。

グループで訪れた場合は、特定の個人に焦点を当てた説明をせず、クラスでの授業場面をイメージして、全体に働きかけるようにします。その際、そのグループの中の誰がリーダー的な立場にいるのか、誰が最も依存的かなどといった来談者の関係性に配慮した対応を心がけます。

特に、面談を受けたあとのグループ内の関係がどうなっていくか配慮しておきたいところです。合理的な解釈・分析に偏りすぎず、面談を受けにきたグループ全体の関係性への見立てを踏まえた対応が必要です。

第2章 コラム 過去と相手は変えられない
とらえ方が変わると、かかわり方が変わる

私たちは、何かの出来事が起きると、それを受けてそのまま、感情や行動が生じてくると考えがちです。

認知療法や認知行動療法、論理療法の理論では、下図のように、出来事がそのまま感情や行動を引き起こすのではなく、その出来事に対するとらえ方が、その後の反応に影響すると考えています。つまり、「出来事に対する感情や行動といった反応が不適切である場合は、直接、感情や行動を変えようとするのではなく、その背後にあって行動の基準となる、物事のとらえ方を検討していくことが必要である」というわけです。

ところが、私たちは日ごろ、自分のとらえ方に気づくことはありません。それは、当たり前のこととしてその人の中にあるのですから、自分のとらえ方を疑うこともあまりありません。

とらえ方を見直すきっかけとなるのは、たとえば人間関係や仕事のことなどでうまくいかなくなったときです。そうしたとき、私たちはよく不安になります。それは、自分の今までのとらえ方ではうまく対応できなくなっているからです。

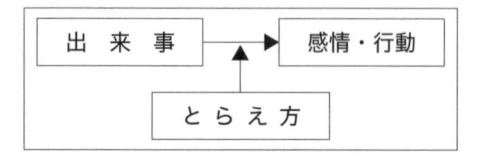

物事のとらえ方が変わると対応の仕方も変わってきます。対応の仕方が変わると結果も変わってくるでしょう。ですから、対応できない事態に直面したときの不安や混乱が、自分の「とらえ方」に気づき、それを見直すチャンスになると言えます。

交流分析では、「過去と相手は変えられない」という言葉がたびたび引用されます。確かに、相手を変えようとすればするほど、相手を頑なにしてしまうことがよくあります。しかし、困った状況では、何かを変えないと先へ進めないのではないかと考えたくなる気持ちもわかります。

そういうときは、まず、過去や相手に対する自分のとらえ方を見直すことです。人間関係などがうまくいかなくなっているときは、今までのとらえ方では限界が生じてきているときだと考えてみてください。そうした事態に出

```
出 来 事  →  感情・行動
              ↑
           とらえ方
```

くわすと、私たちはいたずらに不安な気持ちになったり混乱したりしがちですが、それを乗り越えることによって、自分のとらえ方の幅が広がっていきます。そのためにも、まずは自分のとらえ方に気づくことです。

過去や相手を直接変えようと四苦八苦して、かえって悪循環に陥るのではなく、過去と相手に対する自分のとらえ方に気づき、不適切だと判断できる場合はそのとらえ方を見直すことによって、かかわりが変わってくるのです。

交流分析の自我状態の考え方も、こうしたとらえ方の問題と深くかかわっています。新里（1992）は、交流分析の目的の1つを「来談者の間違った信じ込みを変えることにある」と指摘し、エゴグラムを用いることで認知面のアプローチも可能になることを示唆しています。実際、エゴグラムの質問項目は、主に認知や行動に焦点を当てて作成されており、目の前の出来事に対する自分のとらえ方を検討するときの判断材料として活用できます。

たとえば、「朝、廊下で出会った同僚に対してあなたがいつもどおり挨拶をしたところ、そのときに限って相手は挨拶を返さずに通り過ぎた」とします。あなたはそのときどう感じ、どのように反応するでしょうか。

こうしたときは、あなたのどの自我状態が優位になっているかによって、下の表のように反応のパターンも変わってくると考えられます。

たとえば、ＣＰが優位になっているときは、自分の価値観を絶対だと思って相手が変わることを要求しがちです。一方、ＡＣが優位になっているときは、相手の思惑を気にしすぎがちです。

やはり、最も現実に適応できるのはⒶからの反応でしょう。Ⓐは思い込みにとらわれず、事実に即して物事を判断していこうとする態度です。こうした態度からは不用意な混乱は生じません。

このように、エゴグラムを通してとらえ方の特徴をつかむことができます。

表　自我状態によるとらえ方の違い

	とらえ方（受け止め方）	感情（気持ち）・反応行動
ＣＰ	挨拶をされたらきちんと挨拶を返すのが礼儀だ。	「礼儀知らず」と怒る。今度会っても、こちらからは挨拶しない。
ＮＰ	何か心配事か体調が悪いことがあって、気づかなかったのかも。	あとで、相手の様子を心配して尋ねる。
Ⓐ	いつもと違うことがあるときは、何かそれなりの原因があるはずだ。	疑問があれば、直接聞いてみて、事実を確認する。
ＦＣ	まあ、そういうこともあるさ。	あまり気にしない。また、気になった場合は、素直に自分の気持ちを伝える。
ＡＣ	私が原因で相手が気分を害したから、わざと挨拶を返さないのだ。	相手が自分のことを悪く思っているようで気になって、不安・混乱が強まる。

第3章 エゴグラムを子どもとのかかわりに生かす

1 エゴグラムを用いた、子どもとのかかわり技法

(1) 子どもとのかかわりにエゴグラムを生かす

　子どもと面接するときには、直接向かい合ってやりとりする直線的な関係よりも、図3-1のように、何かを介して向かい合う三角形イメージのほうが子どもの心理的抵抗は少ないようです。

　たとえば、進路についての面談のときに、直接「将来、きみはどのような進路に進みたいんだ？」と聞かれるとなかなか答えにくいものです。参考となる資料や個人データを見せて、「この点についてはどう思う？」と具体的に尋ねていくと、教師の側は話の糸口がつかみやすいですし、子どもの側も資料を介することで、取り上げられている話題を自分の問題や課題として対象化しやすくなります。

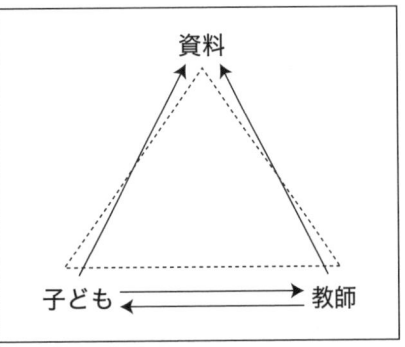

図3-1　面談の三角形イメージ

面談で活用できる資料の条件としては、まず資料の分量が少ないこと、次に、図やグラフなどで表されていて視覚的に見やすいこと、そして、資料を理解するための補助資料があって面談終了後も自分で検討できること、などの点が考えられます。その点、子どもの心の状態を1枚のグラフの形で表したエゴグラムは、子どもとの面談を促進する資料として有効に活用できます。

(2) エゴグラムによる3つの理解

　また、子どもとかかわる過程でエゴグラムを用いることによって、次のような3つの理解が可能になります。

① 子どもの言動についての理解
　私たち教師は、普通、外側から観察できる子どもの言葉や行動をもとにして、自分なりの子ども像をつくり上げています。エゴグラムの質問紙で問われているのは、主にこうした言葉や行動です。その点、子どもの言動をエゴグラムの質問紙と照らし合わせて見ていくことによって、エゴグラムを子ども理解の視点として用いることができます。

② 子どもとの関係性についての理解
　教師が子どもを理解しようとするとき、自分のあり方と切り離して、相手をまったく客観的に、あるいは一方的に理解することはできません。自分が相手を理解しようとするときには、理解しようとする自分の性格やとらえ方、相手と自分との日常からの人間関係が影響してきます。このように、自分と相手といった二者間で生じてくる相互作用を関係性と言います。私たちは、相手と自分との関係性の中で、相手（または自分）を理解し、また、相手から理解されるのだと言えます。その点、児童生徒理解とは、理解しようとする主体である教師と理解の対象となる子どもとの関係性についての理解であると言えます。
　自分と相手とのエゴグラムを対照することによって、自他の関係性についての理解を促すことができます。

③ 今後の課題や方向性についての見通し
　子ども理解と自己理解、そして両者の関係性についての理解は、基本的に「今、ここ」についての理解です。それに加えて、たとえば、子どもにどのような行動課題があるかという「これから」についての見通しをもつことができれば、そのかかわりはその場限りのものに終わらず、次の展開につながります。
　エゴグラムは、「今、ここ」のあり方をつかみ、5つの自我状態のうち、どの部分を伸ばしていけばいいか検討することによって、今後の行動課題についての見通しを

もつことができます。

次に、これら3つの理解について、それぞれ少し詳しく見ていきましょう。

(3) 子どもの言動からの理解──言動観察によってエゴグラムパターンを描く

質問紙を用いるとエゴグラムを簡単に描くことができますが、本人からの質問紙への回答が得られるとは限りません。

たとえば、子どもとの人間関係がうまくいかず、本人の協力を得られないために、質問紙が利用できない場合もあります。そうしたときは、子どもの言葉や行動についての観察や洞察をもとにしてエゴグラムを描いてみましょう。

もともと、エゴグラムが開発された当時は、質問紙は用いずに、分析しようとする人の直感によって描かれていました。実際、自我状態についての理解が深まり、エゴグラムの扱いに慣れてくると、質問紙を使わずに観察者が直感的にエゴグラムを描くことで、相手の特徴をつかむことができるようになります。

また、直感的にエゴグラムを描けない場合は、観察者がその子どもになったつもりで質問紙の設問に回答し、エゴグラムを作成することも可能です。

ただ、自分一人だけのとらえ方でその子の多様な面を理解できるはずはありません。その理解の仕方は、自分と子どもとの関係性に左右されがちです。そこで、できれば複数の教師で、エゴグラムを作成すると、その子どもへの理解がいっそう深まります。教師間で子ども理解を深めていくための「共通言語」として、エゴグラムを利用するわけです。

では、さっそく、言葉や行動面についての観察をもとにしてエゴグラムを描いてみましょう。

紙上ゼミナール 4　目の前の子どもの状態からエゴグラムを描こう

和也くんは、保護者に厳しくしつけられており、基本的にはまじめな子どもです。ところが、絶えずイライラしており、周囲に対して「……してほしい」といった不平や不満をもらしがちです。そうした場面を見た教員が注意すると、黙りはしますが、不満そうな態度を見せます。友達と一緒に遊んだり騒いだりすることはたまにありますが、親密な関係を築くには至っていないようです。

さて、この和也くんのエゴグラムを描いてみてください（表2-2、表2-3を参考にしてください）。

なお、エゴグラムの描き方としては、棒グラフと折れ線グラフがあります。棒グラフの場合は、自我状態のエネルギーの高低を明確にイメージすることができます。折れ線グラフの場合は、その人の言動のパターンをはっきりさせ、他の人のパターンと比較対照することができます。このように、理解の目的に

応じて描き方を使い分けます。ここでは、棒グラフで描いてみてください。

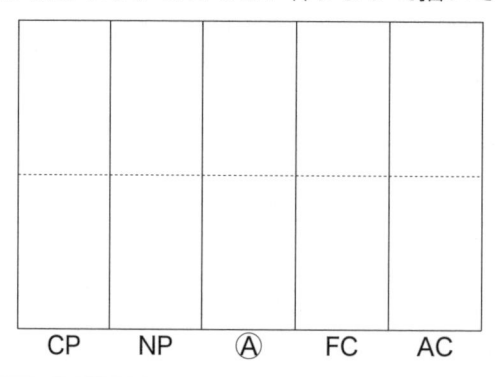

CP	NP	Ⓐ	FC	AC

【紙上ゼミナール4】の解説

まず、最も高い自我状態と最も低い自我状態を特定します。

和也くんは、周囲に批判的で不満をぶつけがちですが、そのぶつけ方は「……してほしい」と依存的で、裏側には、「……してくれない」といった恨みが潜んでいるようです。これらの点から、批判的なCPと依存的なACが高いことがうかがえます。

このように、イライラした態度が表れているときは、CPとACの間で葛藤状態が生じており、Ⓐが低いために、葛藤状態を解消するような現実処理能力が機能していない状態と考えられます。また、友人関係で何かを楽しんだり親密な関係を築いたりするところがうまくいっていないようなので、Ⓐに加えてFCとNPも低いことがうかがえます。つまり、和也くんの自我状態の中で、高いのはCPとAC、低いのはNP、Ⓐ、FCであると考えられます。

次に、全体のバランスを調整します。たとえば、「友達と一緒に楽しめているところもあるから、NP、Ⓐ、FCの3つの中ではFCがやや高いかな」といった具合です。

【紙上ゼミナール4】の解答例

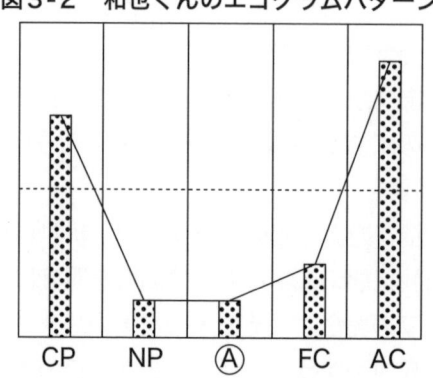

図3-2　和也くんのエゴグラムパターン

(4) 子どもとの関係性についての理解──オーバーラップエゴグラム

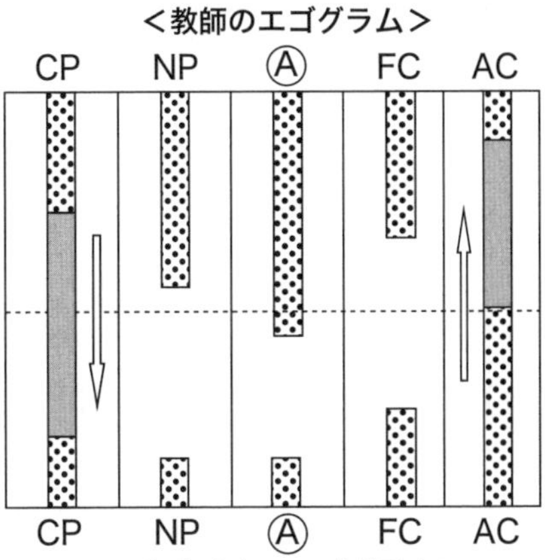

子どものエゴグラムをイメージできたら、次は、それをあなたのエゴグラムと対照してみましょう。2人のエゴグラムを上下から重ねて、その関係を見る方法をオーバーラップエゴグラムと言います。これによって、子どもとの関係性についての理解が深まります。

重ね方は、図3-3のように、棒グラフの状態で表し、それぞれの自我状態が対応する形で2つのエゴグラムを向かい合わせます。こうしてエゴグラムを重ねると、両者の自我状態に重なるものと重ならないものがあることに気づきます（図のグレーの部分が重なっている）。自我状態の棒グラフが重なるということは両者の自我状態が高いということで、重ならないということは両者の自我状態が低いということです。

図3-3 オーバーラップエゴグラム
〈教師のエゴグラム〉
〈和也くんのエゴグラム〉

重なる自我状態がまったくない場合は、かかわりの接点がもちにくく、人間関係が長続きしない状態です。また、1つの自我状態しか重ならない場合は、その自我状態の高い人から低い人へエネルギーが向かうため、関係が不安定になりがちです。

図3-3のように2つの自我状態が重なる場合は、関係自体は続きやすいのですが、どの自我状態が重なっているかによって安定した関係が続く場合とぎくしゃくした関係になる場合が考えられます。

たとえば、CPとNPが重なる場合は、一方が文句を言い、他方がなだめる関係が続きます。NPとFCが重なる場合はNPからの肯定的・受容的かかわりがFCをいっそうリラックスさせます。NPとACが重なる場合は、周囲に気を遣ってオドオドしがちなACの高い人も、NPが高い人の受容的な態度に接して落ち着いた関係をもつことができます。

このように、安定した人間関係が続くためには、NPからのかかわりが重要な役割を果たしているといえます。ただ、こうした状態が長続きすると、ACが高い人の依存性を高める結果にもなります。教師側がⒶを発揮して、子どもの様子を見ながら、かかわりを検討する必要があります。

一方、CPからのかかわりは相手に緊張を与えがちです。たとえば、図3-3は、図3-2の和也くんのエゴグラムにCPの高い教師のエゴグラムを組み合わせたものです。このようにCPとACが重なっている場合、CPの高い人がACの高い人を一方的に責める関係になりがちです。教師が、和也くんのイライラに反応して批判的・懲罰的なかかわりをすると、彼の葛藤状態はいっそう強まります。その葛藤状態が抑

えきれなくなると、恨みの感情が教師に向けられることにもなります。

(5) 今後の課題や方向性の見通し――理想のエゴグラム

　過去と相手を変えることはできません。変えることができるのは、過去と相手に対する自分のとらえ方と、「今、これから」のかかわり方です。教師がとらえ方を変えることによってかかわり方が変わり、そうした変化が教師と子どもの関係性を変えていくことになります。両者の関係性が変化していく過程で相手の態度や反応が変わっていくと考えたほうが現実的です。

　子どもとの関係において、かかわりに必要な自我状態がうまく機能していないと判断すれば、その自我状態を発揮するよう意識的に取り組んでみましょう。表3-1は具体的な行動課題を検討するための資料です。

　たとえば、図3-3の教師が和也くんと良好な関係性を保とうとするとき、ＮＰからの受容的なかかわりによって和也くんはリラックスし、葛藤状態を軽減できますから、ＮＰからのかかわりが必要になります。実際には、表3-1にあげるような、ＮＰを高めるような言葉や態度を心がけてかかわり、ＮＰを高めることを妨げる言葉や態度は慎むように意識するのです。

　また、子どもとの面談などを通してエゴグラムの活用が可能な場合は、図3-4のように、現在のエゴグラム（点線）をもとにして、「こうなりたい」という理想のエゴグラム（実線）を描いてもらいます。すると、両者を見比べて、どの自我状態を高めていけばいいのか、今後の行動課題を検討できます。

図3-4　和也くんの理想のエゴグラムパターン

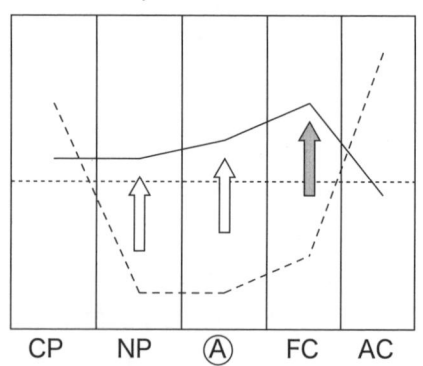

　こうした場合、自我状態を抑えるよりも上げる点から考えたほうが課題を検討しやすくなります。交流分析では個人の心のエネルギーは一定であり、ある自我状態を上げると他の自我状態が下がるという仮説をもっています。そこで、ＣＰを下げる場合はＮＰを高め、ＡＣを下げる場合はＦＣを高めるような行動課題を検討すればいいと考えるわけです。

　和也くんの場合は、高めたい自我状態としてＮＰ、Ⓐ、ＦＣの3つをあげていますが、3つ全部を一気に高めるのはなかなか大変です。とりあえず、和也くん自身はどの自我状態が高めやすいと思えるか、表3-1をもとにして一緒に検討します。

　このように、「心の状態を変えていこう」と考えるよりも、「言葉や行動を変えていこう」とするほうが取り組みやすく、より実践的です。

　ただ、無理は禁物です。課題に無理がある場合は、再度検討してみましょう。また、こうした行動課題の検討は1人ではなく複数の者で対応すると、より現実に即したも

表3-1 自我状態から行動課題を考える

	自我状態を高めるよう促す		自我状態を高めることを妨げる	
	言　葉	態　度	言　葉	態　度
CP	「……べきだ」 「……べきではない」 「絶対に……だ」 「……はよい（悪い）」 「決めたことは最後まできちんとやろう」 「本当にこれで満足していいだろうか」 「……しなさい」	肯定か否定か、自分の意見をはっきりする。（最初は簡単なことから）最後まで譲らないで貫いてみる。約束時間の5分前行動を心がける。失敗の責任が誰にあるか検討する。大きな声で話す。	「そんなのどっちだっていいじゃないか」 「まあいいや。なんとかなるさ」 「私には関係ない」 「私一人が意見を述べたところでどうなるわけでもないし」 「私のせいじゃないのに」	すぐに誰かの意見を求める。肯定か否定か自分の判断をはっきりとしない。約束や取り決めをすぐに変える。あきらかなミスに対しても注意しない。すぐにあきらめる。
NP	「そこがあなたのいいところだ」 「よくできたね」 「内心いやな気持ちだったんだね」 「最近、調子はどうですか？」「大丈夫？」 「あなたはこのクラスになくてはならない人なんだよ」	美点や好ましい点を見つけてほめる。個人的な関心を示す。笑顔。贈り物、やさしい言葉かけをする。相手の否定的な言葉や態度に反応しない。弱い立場の者の世話をする。	「だめじゃないか」 「しっかりしなさい」 「いったい何をやっているんだ」 「やっぱり私の言うとおりじゃないか」 「自分でやればいいでしょう」 「それはきみの問題だよ」	相手の気持ちや感情を考えない。減点主義。周りに対して無関心。相手のミスを指摘し、批判する。相手の話に耳を傾けず、一方的にしゃべる（説得の調子）。助けの手を貸さない。
Ⓐ	「……ということですか」 「もう少し詳しく説明してください」 「少し考えさせてください」 「何が問題なのか？」 「いつ」「どこで」「誰が」「何を」「なぜ」 「……とは限らない」	相手の話を確かめる。物事を分析し、何らかのルールやパターンがないかを調べる。自分の力と目標に合った無理のない計画を立てて実行する。同じ状況で、他の人ならどう考えて行動するかを考える。	「わかりません」 「めんどくさい」 「やるにはやったのですが……」 「はい、でも……」 「人生は理屈じゃない」 「人はみな……するものだ」 感情的な言い方。	相手に質問しない。本を読まない、情報に対して閉鎖的。最後まで、相手の話を聴かない。すぐに感情的な反応をする。復習や反省をほとんどしない。
FC	「それはおもしろそうだ」 「やってみよう」 「おいしいですね」 「きれいだねえ」 「私も仲間に入れて」 「……と感じる」（「思う」に対して） 「これをやってください。お願い！」	不快な気分をすぐに切り替える。短い空想を楽しむ。好きなことをする。芸術や娯楽、スポーツを楽しむ。誰かと一緒におしゃべりや雑談をする。人に甘える。	「ああ、おもしろくない」 「もう、いやになる」 「もういいです」 （繰り返し）「すみません」 「しかたがない」 「どうせ私なんか…」 「結局、いくらやってもだめなんです」	不快感や憂うつ感に長くひたる。溜息ばかりつく。人の指示を待つ。楽しむことを避け、愉快な仲間に入らない。すぐに自分を責める。人に甘えない。
AC	「大丈夫ですか」 「気を悪くしませんでしたか」 「これでいいでしょうか」 「ご苦労さまでした」 「お疲れさまでした」 「それでいいです」 「すみません」	話の腰を折らず、聞き手にまわる。相手がどう感じたか確かめる。苦労をねぎらう。子どもの言うことに従ってみる。遠慮、妥協する。自分から謝る。	「何やってるんだ！」 「気にしない、気にしない」 「言いたいことを言わないと損をするよ」 「細かいことにこだわるな」 「……しなさい」	話の腰を折る。傍若無人。無遠慮。自説を曲げない。自分の要求をあくまでも通す。人を決してほめない。相手の感情を無視。こちらからはなかなか頭を下げない。

のになります。

2 エゴグラムを進路支援に生かす

エゴグラムは、「今、ここ」での自らの行動パターンを客観的に知るための道具です。本人自身が行動の変容を望んだときに、行動の修正に取り組むための資料にもなります。その点、子どもの自発的な気づきを重視する解決志向型の進路カウンセリングに適しています。

また、エゴグラムは、子どもの自己理解を促すだけでなく、子ども自身が現在の自分のあり方に気づくことで、今後どうしたらいいのかといった行動課題を検討する資料にすることができます。その人の自我状態をグラフとして視覚化しているため、子ども自身がどの部分を変えていけばいいのか気づきを促しやすく、進路選択に向けての具体的な行動課題を検討しやすいのです。

(1) エゴグラムを進路支援に生かすポイント

『キャリア教育推進の手引』（文部科学省、2006）では、進路支援における諸能力領域として、①人間関係形成能力、②情報活用能力、③将来設計能力、④意思決定能力といった4つの能力を例示しています。詳しくは、表3-2を参照してください。

これらの能力領域の内容を、表2-2の5つの自我状態の性質・傾向と対照すると、①人間関係形成能力の能力領域はNPの自我状態に対応し、②情報活用能力、③将来設計能力、④意思決定能力の能力領域はⒶの自我状態に対応すると考えられます。

① 現実検討能力の要Ⓐ

Ⓐは、現実検討能力の要です。思い込みではなく、事実やデータを収集・分析し、それをもとに直面している現実について比較・検討して意思決定を行い、その実現に向けて現実に適した計画を立てるのがⒶの部分です。

進路選択を行うためには、必要な情報やデータを収集し整理する情報探索・活用能力や、そうした情報・データをもとに比較検討した上で判断を下す意思決定能力、職業における役割認識をもって進路計画を立てる進路設計能力が必要となります。そのためには、Ⓐに代表される現実検討能力が欠かせません。

Ⓐが低い子どもは、こうした現実検討能力が弱く、ⒶよりもCPが高い場合は思い込みが強くなり、ACが高い場合は不安や依存性が強くなる傾向があります。そして、Ⓐが低ければ低いほど、この傾向が強くなります。

また、FCが高い場合は自己肯定感が高いわけですから、進路選択についても前向きに取り組める部分はあります。しかし、この場合も、Ⓐが低いと、その進路選択は現実検討を欠き、直感やイメージに偏ったものになりがちです。

表3-2 キャリア発達にかかわる諸能力（例）

領域	領域説明	能力説明
人間関係形成能力	他者の個性を尊重し、自己の個性を発揮しながら、様々な人々とコミュニケーションを図り、協力・共同してものごとに取り組む。	【自他の理解能力】 自己理解を深め、他者の多様な個性を理解し、互いに認め合うことを大切にして行動していく能力 【コミュニケーション能力】 多様な集団・組織の中で、コミュニケーションや豊かな人間関係を築きながら、自己の成長を果たしていく能力
情報活用能力	学ぶこと・働くことの意義や役割及びその多様性を理解し、幅広く情報を活用して、自己の進路や生き方の選択に生かす。	【情報収集・探索能力】 進路や職業等に関する様々な情報を収集・探索するとともに、必要な情報を選択・活用し、自己の進路や生き方を考えていく能力 【職業理解能力】 様々な体験等を通して、学校で学ぶことと社会・職業生活との関連や、今しなければならないことなどを理解していく能力
将来設計能力	夢や希望を持って将来の生き方や生活を考え、社会の現実を踏まえながら、前向きに自己の将来を設計する。	【役割把握・認識能力】 生活・仕事上の多様な役割や意義及びその関連等を理解し、自己の果たすべき役割等についての認識を深めていく能力 【計画実行能力】 目標とすべき将来の生き方や進路を考え、それを実現するための進路計画を立て、実際の選択行動等で実行していく能力
意思決定能力	自らの意志と責任でよりよい選択・決定を行うとともに、その過程での課題や葛藤に積極的に取り組み克服する。	【選択能力】 様々な選択肢について比較検討したり、葛藤を克服したりして、主体的に判断し、自らにふさわしい選択・決定を行っていく能力 【課題解決能力】 意思決定に伴う責任を受け入れ、選択結果に適応するとともに、希望する進路の実現に向け、自ら課題を設定してその解決に取り組む能力

（国立教育政策研究所生徒指導研究センター「児童生徒の職業観・勤労観を育む教育の推進について」から一部改訂）

　このように、エゴグラムを用いて子どもの進路選択にかかわる場合は、まずⒶが高いか低いかという点が、進路選択についての行動課題を検討する際の重要なポイントになります。

② 円滑なコミュニケーションを促進・調整するNP

進路選択の過程で人間関係形成能力が求められるという点について違和感を抱く教師は少ないでしょう。進路を選択していくためには、周囲と円滑なコミュニケーションをとり、協調性を発揮しながら、自己主張を行う必要があります。そのためには、自他に対する肯定的態度が必要になります。また、実際の仕事場面においても、協働のための人間関係形成能力は不可欠です。

NPは、他者に対して受容的で肯定的な態度となって表れる、いわば人間関係を適切に営んでいく働きを表す部分です。その点、進路選択過程において、Ⓐとともに重要な自我状態はNPであると言えます。

③ 主体的・自律的な進路選択を回避するAC

進路選択においては、主体的で自律的な行動や態度が求められます。しかし、ACが高い人は常に周囲に気兼ねをし、自分の自発的な感情を抑え、主体性を欠いたまま周囲に合わせようとします。そのため、どこか不本意な感情があり、欲求不満が生じがちで、劣等感を抱いたり現実を回避したりすることが多くなります。特に、Ⓐが低い上に、FCが低く、ACが高い場合は、その傾向が顕著になります。

そこで、ACが高い子に対しては、教師の指示的な助言はできるだけ最小限に抑え、FCの部分に働きかけながら、主体性や自発性を促す対応が必要になります。その際、教師側のNPの部分からの働きかけが必要になります。CPが強い教師がACの高い子どもにかかわる場合は、ついつい指示的な働きかけが多くなり、子どもの依存性を強めることになりがちなので、教師はⒶを発揮して自分の態度を客観的に見ようとする自覚が必要です。

(2) 進路選択過程における自我状態の働き

筆者が勤務していた学校のカウンセリング室では、希望者に対して、表3-3のような進路カウンセリング・プログラムを実施していました。進路についての悩みを抱えている子どもへの介入の切り口として用いているのが、「進路不決断」という概念です。

「進路不決断」とは、文字どおり、自分の進路を決められずにいる状態のことですが、進路発達の過程にある中・高校段階においては、進路が不決断の状態にあるのは当然です。子どもの進路選択について効果的な対応をするためには、「何に決めたのか」という選択の結果だけでなく、「どのように決まっていないのか」といった情緒的側面に焦点を当てて、進路選択に向けての援助にあたると、より効果的な援助ができるのではないかと考えました。

高校生を対象に調査を行い、進路不決断傾向を測定する質問紙を作成した結果、進路不決断傾向には、その下位尺度として5つの傾向があることが明らかになりました。

表3-3 進路カウンセリング・プログラム

	内　　容	資　　料
事前調査	キャリアカウンセリングを希望する生徒に面談の趣旨を説明し、各調査項目に記入して提出させる。	進路選択自己効力感測定尺度 進路不決断傾向測定尺度 自己成長エゴグラム 職業レディネステスト
面　談	①事前調査の結果をもとに、被験者の現在の進路についての自己効力や進路不決断傾向についての自己理解を図り、現在、進路選択について抱えている問題をつかむ。 ②職業レディネステストの結果をもとに、進路についての関心や自信のある分野を提示する。 ③自己成長エゴグラムの結果をもとに、自己理解を深めるとともに、今後の進路選択・決定を進めていく上での具体的な目標・課題を検討する。	
事後調査	面談1週間後、進路についての自己効力を測定し、事前調査との変化を調べて、面談の効果を評価する。	進路自己効力感測定尺度

　また、進路不決断への対応にエゴグラムを活用するために、エゴグラムと進路不決断傾向との関連について、統計的手続きを経て検討してみました。これらの内容を整理したものが表3-4です。

　それによると、やはりⒶとNPが進路選択過程において促進的に働き、ＡＣが抑制的に働いていることがわかります。また、ＣＰやＦＣも、これらの働きに対して副次的にかかわっていることがわかりました。

　こうした調査分析の結果などを通して、進路選択過程におけるそれぞれの自我状態の働きを整理したものが表3-5です。

　この表の内容を用いると、それぞれの子どもの傾向に合った、進路選択過程への対応のポイントがつかみやすくなります。

　たとえば、Ⓐが低くＡＣが高いという特徴をもった子どもは、教師や大人の話をよく聞き、周囲からはまじめな子だと評価されています。教師からすると一見心配のない子どもに見えます。しかし、その一方で、現実検討が不十分なために計画性・判断力に欠け、また依存性が強いために自分で進路選択を行うにあたっては不安や混乱を生じがちな面もあると考えられます。

　また、Ⓐが低くＦＣが高いという特徴をもった子どもは、自分の将来について楽観的で、どこか自信があり、自己効力感が高いように見えます。しかし、そうした楽観や自信は現実検討が不十分なところから生じていると考えられます。子ども本人の置かれている現実についての問題意識が低いために、将来についての課題意識も生まれにくいのです。

表3-4　進路不決断傾向における5つの傾向とエゴグラムとの関連（今西　2001a、2004b）

不決断傾向	具体的な状態	エゴグラムとの関連
進路未成熟傾向	将来に向けての進路意識や自己理解が未熟であり、また進路情報の収集など進路選択の基本的スキルが身についていないため、進路選択にどのように取り組んでいいかわからないでいる状態。	NP、Ⓐ、FCが低いか、ACが高いと強くなり、ACが低いと弱くなる。
進路不安傾向	進路選択についての自信不足や周囲の影響で、適切な進路選択ができないのではないかと不安になっており、自分では実際にどうしていいのかわからなくなっている状態。	ACが高いと強く、低いと弱くなる。AC優位型のパターンが多い。
進路決断延期傾向	進路選択の意思はあるが、なかなか1つに絞ることができず、また、進路の情報収集も不十分であるために、進路の決断をできるだけ先延ばししていこうとしている状態。	ACが低いと弱くなる。
進路決断軽視傾向	「何とかなる」という楽観的な見通しがあり、不安傾向は弱い。また、将来、定職に就くことを重視せず、できるだけ自由な生活を望んでおり、進路の決定自体に重きを置いていない状態。	CP、NP、Ⓐが低いと強くなる。FC優位型、逆N型のパターンが多い。
安直・他律傾向	自分の興味・関心や進路の適性を考えずに、安易に進路を選択しようとしており、また、親や教師など周囲の大人の考えや意見に影響されたり依存したりしている状態。	CP、NPが低いか、ACが高いと強くなる。

表3-5　進路選択過程における自我状態の働き（今西　2001a、2001c、2004a）

CPが高い	NPが高い	Ⓐが高い	FCが高い	ACが高い
理想をもって、進路を追求しようとする姿勢があるが、それにこだわり、現実の進路決定を延期したり現実の自分とかけ離れた理想をもったりして、葛藤が生じやすい。	周りの人間関係を大事にして、進路を考えていくことができる。Ⓐが低いと、自分より他人のことを心配しがちで、自分のことがおろそかになることもある。	自分の思い込みだけで進路を考えず、自分の置かれている現実を踏まえて、情報やデータをよく分析した上で、進路選択を行うことができる。	将来のことを楽観的に考えがちで、くよくよ悩まない。Ⓐが低いと、そのときの気分や好き嫌いで進路選択を行うなど、軽率なところがある。	進路について人の言うことをよく聞くが、自分に自信がもてず、Ⓐが低いと人の考えに影響されたり、迷わされたりして不安になりがち。
現実と理想との葛藤が少なく、ストレスはたまりにくいが、進路目標を設定して、それに向けて努力することが苦手である。現状に流されがちで、のんきな傾向がうかがえる。	他者肯定感が弱く、周囲の人間関係の中で進路を考えていくことが苦手。Ⓐも低いと、進路選択の過程で人間関係の調整がうまくできず、適切な進路の選択・決定が難しい。	自分の置かれている情報やデータを参考にすることが少なく、思い込みが強い。また、計画性や判断力が弱く、何年か先のことまで見通して、進路選択・決定を行うのが苦手。	周囲からはまじめに見られるが、自分に自信がもてず、周囲に影響されやすいため、自発的に進路の選択・決定に取り組むことが苦手。その分、ストレスがたまりやすい。	自発的に進路に取り組もうとする姿勢がある。ただ、Ⓐが低いと、自分で進路を考えようとするあまり、人の意見を聞かず、自分の思い込みが強くなりやすい。
CPが低い	NPが低い	Ⓐが低い	FCが低い	ACが低い

紙上ゼミナール 5　エゴグラムの視点から進路支援を考えよう

　図3-5、図3-6のエゴグラムパターンの子どもが進路選択をしていく過程で、それぞれどのような行動課題が必要になるか検討してみましょう。表3-1、表3-4、表3-5を参考にしてください。

図3-5　由紀子さんのエゴグラム

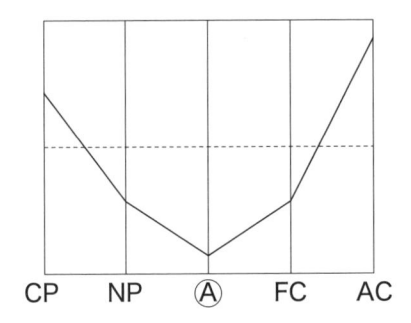

① 由紀子さんはどのような行動課題が必要になるか

_____

_____

_____

図3-6　俊夫くんのエゴグラム

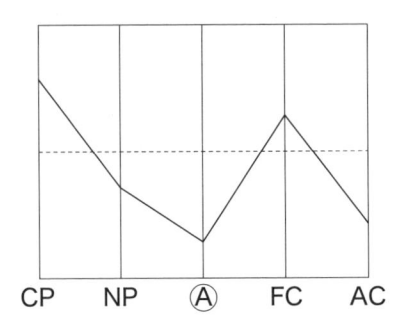

② 俊夫くんはどのような行動課題が必要になるか

_____

_____

_____

【紙上ゼミナール５】の解説

　図３-５の由紀子さんは、自分を抑えて周りの人間に合わせようとするＡＣが高い一方で、自分や他人に厳しく批判的なＣＰが高く、そうした厳しさや批判を自分の中に抑えてしまうために、イライラしたり落ち込んだりすることの多い葛藤タイプです。また、Ⓐが低く、現実検討能力が弱いので、自分の思い込みに振り回されやすくなります。

　行動課題としては、Ⓐの部分を高めていくことがまず重要になりますが、同時にＦＣの部分を高めていくようにしないとストレスがたまりやすくなります。

　そこで、たとえば、気分転換ができるように促したり、イライラしたときのために簡単なリラクセーション・トレーニングのエクササイズをすすめたりします。まずはリラックスすることによって、物事を客観的に見るゆとりが生まれてきます。その上で、Ⓐの部分を高める行動課題について検討します。

　Ⓐが低い子どもの行動課題については、できるだけ具体的で実現可能な課題を１つか２つに絞って検討することです。たとえば、由紀子さんがその日に取り組む事柄（目標）を箇条書きにし、毎日１枚だけ机の前に貼って、それが達成できれば赤く○をつけていくよう提案するわけです。

　その際、ＣＰが高い子どもは、実際に自分ができる以上の目標を立ててしまうことが考えられるので、その子の現実と照らし合わせて、実現可能な目標を検討します。

　図３-６の俊夫くんのパターンは、高いＣＰとＦＣ、低いⒶとＡＣが特徴的です。健康で明るく、積極的に行動しますが、周囲への気配りが足りなかったり、現実検討を欠いたりしてささいなトラブルを起こしがちです。特に、Ⓐが低い場合、そうした傾向は顕著になります。

　進路不決断傾向との関連で考えると、こうした逆Ｎ型の子どもには、進路の決定自体に重きを置いていない進路決断軽視傾向が強く表れがちです。この傾向が強い子どもは、進路選択について楽観的な見通しをもっている分、葛藤や不安を感じることは少なく、なかには進路選択に積極的に取り組むように見える子どももいます。しかし、その一方で、進路選択に対して抱いているイメージと現実とのズレについての検討が不十分であることが多いようです。

　そこで、図３-６の俊夫くんのようなパターンの子どもに対しては、具体的な資料やデータをもとにその子自身の置かれている現実や社会的現実についての気づきを促すとともに、体験入学や職業体験など具体的な体験を伴う活動に参加することを検討します。

【紙上ゼミナール５】の解答例

① **由紀子さんは、どのような行動課題が必要になるか**
　Ⓐが低くＡＣが高い子どもは、進路未成熟傾向が強く、進路選択にどのように

取り組んだらいいかわからない状態にあるので、具体的で実現可能な目標を1つか2つに絞って行動課題を提案する。たとえば、由紀子さんがその日に取り組む事柄（目標）を箇条書きにし、毎日1枚だけ机の前に貼り、達成できたら赤く丸をつけていくような提案をする。

② 俊夫くんは、どのような行動課題が必要になるか

逆N型の子どもは、進路決断軽視傾向が強く表れがち。FCが高いので、進路選択について楽観的な見通しをもっている。そのため、具体的な資料やデータをもとに進路選択を進め、体験入学や職場体験など、体験活動への参加を通して、自分が進路について抱いているイメージと現実との間にズレがないか検討するような行動課題が必要となる。

(3) エゴグラムを進路支援に生かすにあたって配慮すること

以上述べてきたように、子どもの進路選択過程でエゴグラムを用いることによって、進路選択に向けての自己理解を促すとともに、今後の行動課題について検討することができます。

ただ、教師がエゴグラムの結果にこだわりすぎると、かえって子どもの心理的抵抗を招くおそれがあります。あくまでも、そうした資料は子どもとかかわるための資料や道具の1つであって、「子ども自身がその結果を自分の中にどう位置づけていけるか」という視点がないと働きかけの効果は期待できません。ここでも、子どもとの関係性についての理解が不可欠です。

また、エゴグラムだけでは子どもの進路選択過程についての助言を行う資料として不十分です。その助言を効果的なものにするためには、その子の置かれている環境（学校、家庭、地域など）や目的に応じて他の質問紙や尺度を組み合わせる、テストバッテリーが必要です。

たとえば、筆者が作成した進路カウンセリング・プログラムにおいては、表3-3（51ページ参照）のように、進路選択自己効力感測定尺度と進路不決断傾向測定尺度、職業レディネステストによって子どもの進路選択に向けての心理的要因についての検討を行っています。エゴグラムは、今後の進路選択過程における行動課題を検討するために用います。その上で、介入前と介入後の進路選択自己効力感の測定によって、子どもの変化や面接の効果について評価します。

このように、測定尺度を用いる場合は、その目的を明確にした上で、総合的に用いるのがよいでしょう。

第3章 コラム エゴグラムと「針路」の問題

　私は、15年間、高等学校で教育相談担当を務めてきました。その間、私の関心の中心には、常に進路の問題がありました。高校生への支援においては、不登校や中途退学の問題だけでなく、いじめの問題でも虐待の問題でも、進路の問題と考えたほうがより有効であると感じてきました。

　こうして教育相談担当者として生徒の進路選択にかかわるうちに、私にとっての「進路」のイメージは、やがて羅針盤の「針路」のイメージに変わっていきました。針路とは、大海原を進む船をどのように進めていくかというイメージであり、死ぬまでをどのように生きていくのかということにつながります。

　それに対して進路とは、針路を考えていくとき、その節目節目で何を選んでいくかという具体的な選択肢と言えます。こうした進路選択は確かに重要ですが、一度選択してしまえばそれで終わりというものではありません。特に、終身雇用制が機能しなくなった現代の雇用情勢の中では、進路の選択は繰り返し生涯にわたって続くと考えざるをえません。また、高卒での就職希望者が減少し、大学や専門学校への進学希望者が増えているために、高校卒業後の進路選択が職業選択につながりにくくなったという現状もあります。高校卒業後に進学した学校をやめたり、もう一度選択し直したりした生徒の話を聞くたびに、生徒の進路選択の背景にあるものを検討していく有効な視点がないものかと考えていました。

　そんな私が教員をしながら大学院に進んで、進路を主題として取り組んだときに出合ったのが、「進路不決断」という概念でした。

　「進路不決断」とは、第3章で述べているとおり、進路が決まっていない状態を情緒的側面からとらえようとする視点です。普通に考えると、「進路が決まっている」という生徒は進路不決断傾向は弱いと考えられます。ところが、高校生を対象として進路決定に関する調査分析を行ったところ、意外な結果が出ました。進路が「決まっている」と回答した生徒は、進路選択の仕方が未熟であったり不安が強かったりする傾向が強く、進路不決断傾向が

高くなっていたのです。

　この調査研究から、進路が決まっているかどうかという視点から進路選択への支援を行っていくだけでは不十分で、むしろ「どのように決めているか」あるいは「どのように決まっていないか」という視点からも検討していくことが必要であると考えるようになりました。

　ただ、こうした情緒的な状態を測定するだけでは、次にどうしていけばいいのかという点が不十分です。私は以前からカウンセリングの際にエゴグラムを用いて進路選択に向けての行動課題を検討する資料にしていました。そこで、進路不決断の尺度とエゴグラムとの関連を統計的に検討したところ、NPとⒶの自我状態が適切な進路選択をしていく上で重要な役割を果たしているということがわかりました。

　適切な現実検討を行ったり計画を立てたりする上で重要な役割を果たすⒶが、進路選択過程にも大きくかかわってくることは想像がつきました。しかし、NPが重要な役割を果たしているという結果は、最初意外な感じがしました。ただ、よく考えていくと進路選択過程におけるNPの重要性について納得できました。

　NPはまず他者に対する肯定的な態度を表します。適切な人間関係を築いていくためには非常に重要な役割を果たす部分です。年々その重要性が高まっているキャリア教育においても、進路選択を行っていくために欠かせない能力の1つとして、人間関係形成能力があげられています。進路選択の過程でも人間関係を調整する力は必要ですし、実際に仕事を始めたら人間関係を抜きにして働くことはできません。また、NPのもつ自他に対する肯定的な態度が、人生の局面においては大きな役割を果たしてくることも考えられます。

　これらのことから、Ⓐの部分が低い生徒については、進路についての情報を整理・分析したり、課題を発見して解決に向けての手立てや計画を検討したりしていくスキルを身につけていくことが必要になると考えました。また、NPが低い生徒については、日ごろから肯定的な人間関係づくりを意識するとともに、人間関係のスキルを身につけるソーシャルスキル・トレーニングや、肯定的な態度を基礎とするアサーション・トレーニングなどを取り入れていくことが必要と考えています。

　進路不決断とエゴグラムの両面から進路選択のあり方を検討することによって、従来の進路指導とは違った視点から、子どもたちの発達課題にそった「針路」支援を考えていくことができると思うのです。

第4章

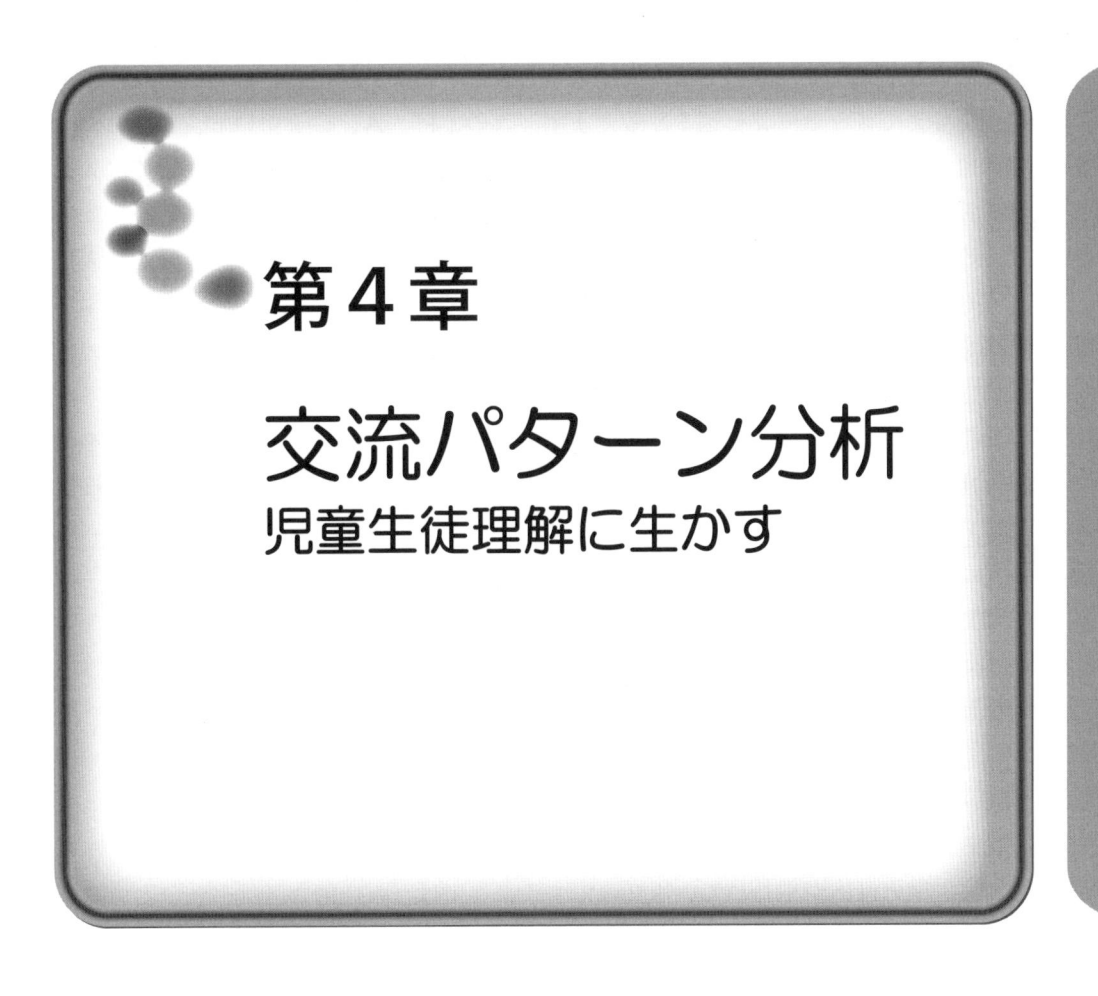

交流パターン分析
児童生徒理解に生かす

1　交流パターン分析とは

(1) 児童生徒理解は、関係性の理解

　先にもふれましたが、教師が子どもを理解しようとするとき、教師のあり方と切り離して、子どもの内面を、まったく客観的に、あるいは一方的に理解することはできません。教師が子どもを理解しようとするときには、理解しようとする教師の性格やとらえ方、その子どもと教師との日常からの人間関係が影響してきます。つまり、児童生徒理解とは、理解しようとする主体である教師と理解の対象となる子どもとの関係性（自分と相手との間で生じてくる相互作用）についての理解と言えます。
　相手と自分との関係性の中で自分を理解し、相手を理解しようとするとき、交流パターン分析の考え方は多くの示唆を与えてくれます。

(2) 言葉や態度、行動などをベクトルで図式化

　交流パターン分析とは、人々が互いに交わす言葉や行動について情報を整理し、分

析することです。交流分析では、人は他者と交流する際、Ⓟ、Ⓐ、Ⓒのいずれかに主導権を与えてメッセージを送ると考えます。この、Ⓟ、Ⓐ、Ⓒを用いて、私たちが日常の生活の中で互いに交わしている言葉や態度、行動などをベクトル（→）で図式化することによって分析するわけです。

　その目的は、まず自分自身のあり方について理解を深めるとともに、自分が他人にどう対応しているか、他人は自分にどうかかわってくるかという点について観察する方法を学ぶことにあります。それによって、自分の対人関係のあり方を、その場の状況に応じて、今までよりも意識的にコントロールできるようになるのです。

　交流パターン分析において重要な役割を果たすのがⒶの部分です。自分の言動を検討可能なものとして対象化し、できるだけ思い込みにとらわれず、事実に即して検討していく心の働きが重要になってきます。

(3) 3つの交流パターン

　交流パターンには、次の3つのタイプがあります。

① 平行交流

　ある自我状態から送られたメッセージに対して、予想どおりの反応が返ってくるもので、刺激と反応が平行している交流です。ここでは、言語的なメッセージと、表情や態度といった非言語的なメッセージが一致しています。

　たとえば、図4-1の①などは、「今、何時ですか？」と聞かれた場合、「3時です」と返すような、ⒶとⒶの交流です。②の交流は、「先生、これについて教えてください」と子どもがⒸから質問したのに対して、「それはこういうことだよ」とⓅから教えようとする教師との交流です。③はお互いが相手に対して素直に好意を伝え合うＦＣとＦＣ同士の交流です。①から③のように、相互の交流は平行している限り続いていきます。

　平行交流は、図4-1の①から③のような肯定的な交流だけではありません。たとえば、②のⓅとⓅの交流も、ＣＰとＡＣの交流になると親子ゲンカの状態になります。

② 交差交流

　交差交流とは、図4-2のように、ある反応を期待して始めた交流に対して予想外の反応が返ってくる場合の交流です。そこでは相互のコミュニケーションがとだえて、メッセージを送ったほうが気持ちを無視されたように感じ、時にはケンカになることも少なくありません。

　交差交流には、図4-2のような3つのタイプがあります。

　図4-2の①の交流は、「あなたが悪い」「いや、きみのせいだ」と自分のＣＰから相手のＡＣにベクトルが向かい、ベクトルが互いに交差した交流です。②の交流は、

図4-1 平行交流
①情報交換
②師弟関係
③恋愛関係

図4-2 交差交流
①ケンカ
②くいちがい
③すれちがい

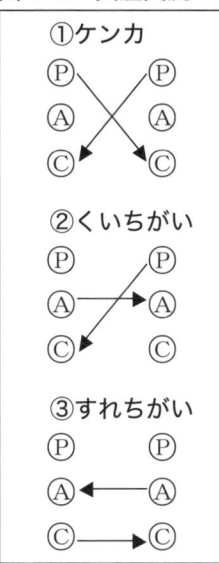

図4-3 裏面交流
①本音と建前
②表と裏

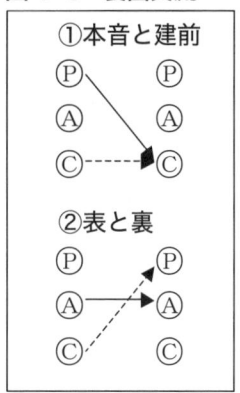

「これはどういうことですか」とⒶから質問してきた子どもに対して、「こんなこともわからないのか！」とＣＰからＡＣに返してしまう教師のように、相手の反応が期待はずれでくいちがう交流です。そして、③の交流は、「先生が好き！」という子どものＦＣからのメッセージに対して、「それは投影からくる勘違いだよ」などと理論的にⒶから返す教師のように、両者の交流がずれている交流です。ここでは、ベクトルが交差せず平行になっていますが、期待はずれという点では同じです。要は、交流する双方の自我状態がくいちがっているかどうかが交差交流かどうかのポイントです。

このように、交流がずれたり交差したりすると、交流自体がとだえます。

③ 裏面交流

図4-3のように、表面に表れた交流と同時に、その裏で潜在的に行われている複雑な交流を裏面交流と言います。表面的には、社会的場面においてもっともらしい交流が行われているように見えますが、本当の意図や欲求はその裏側に隠されているのが特徴です。こうした場合、言語的なメッセージと、表情や態度といった非言語的なメッセージが一致していません。

図4-3①は、「そんなことしてはだめだ」とＣＰから子どもを叱りながら、本音（ＦＣ）の部分では「おれもそうしたくなることがあるよ」などと思うような、本音と建前の交流です。

また、図4-3②のように、メッセージが表裏一体となった交流もあります。たびたび校則を破って言い訳（Ⓐから発せられていると見える）をするたびに叱られている子は、なぜそうした不快なパターンを繰り返すのでしょうか。表面に表れた子どもの問題行動にかかわっても、行動の改善が見られない場合は、その行動の裏側に別の

メッセージが隠れていると考えてみてください。図4-3②の子どもが叱られることを繰り返すならば、あえて叱られることを求めているという発想も可能です。そう考えると、この子どもの言い訳の裏には、「私はだめな人間だから怒ってください」というＡＣからの無意識的なメッセージが隠れていると考えられます。

　図4-3①などの本音と建前の使い分けは、社会生活を送る上では便宜上必要なときもありますが、図4-3②のような「表と裏」の場合は、表面に表れた言動だけでなく、言動の陰に隠れた心理的側面についても検討しないと、子どもが抱えている問題の本質に対応することができません。

2　交流パターン分析をコミュニケーションにどう生かすか

(1) 交流ベクトルの法則

　交流パターン分析では、ベクトルが平行していれば交流はとだえることなく続き、ベクトルが交差していれば交流はとだえると考えます。ここから、次の２つの法則が導き出されます。

法則①　交流を続けたい場合はベクトルを平行に保つ
法則②　交流を切りたい場合はベクトルを交差させる

　このように、コミュニケーションの仕方を交流パターンとして図式化することによって、自分自身のコミュニケーションの問題点、課題についての気づきを促すことができるだけでなく、そうした気づきをもとにして、今後の対応策を検討していくことができます。

(2) ベクトルはどこからどこに向かうか

　ベクトルがどこからどこに向かうかという点については、慣れないうちはわかりにくいものです。次にあげた５つの点は、ベクトルがどの自我状態からどの自我状態に向かうかについて検討するときのポイントです。

　最初のうちは、誰かと一緒に検討しながら取り組むと、自分の気づきも促進されやすくなります。

ベクトルの方向をつかむポイント
　① ＣＰはＡＣを刺激する（ＣＰ→ＡＣ）
　叱られたり責められたりすると、私たちは、自己嫌悪や自信喪失に陥ったり、恨んだり怒ったりします。ＣＰは他者に対して一定以上の期待を果たすことを求

める心の働きを表します。そのために、自分の期待に応えない相手に対しては否定的に対応することになります。それに対して、ACは「自分は相手に否定されるのではないか」と相手の思惑を気遣う心の働きを表します。そのため、相手のCPからの否定的な言動に対して強く反応することになります。

② NPはFCを刺激する（NP→FC）

共感したりほめてもらったりすると、私たちはリラックスして、ストレスを発散できたり、自信をつけたりすることができます。NPは他者に対して肯定的にとらえようとする心の働きを表します。一方、FCは自分に対して肯定的にとらえようとする心の働きであり、自分に対する肯定的なメッセージに対して反応しやすいのです。ACが強く、FCが弱い人も、（時間はかかりますが）NPからの働きかけには次第に心を開くようになります。

③ FCはFCを刺激する（FC→FC）

素直に気持ちを伝えられると、こちらも素直になりやすくなります。また、相手が楽しそうにしていると、こちらも楽しんでみたくなります。FCは自分の感じたとおりに相手に伝えようとする心の働きを表しており、相手も自分と同じように感じてくれることを期待します。

④ Ⓐは混乱を落ち着かせる。（Ⓐ→Ⓐ）

混乱しているときや不安なときに落ち着いた態度で接してくれると、こちらも冷静になることができ、次第にⒶを働かせるようになることができます。このように、Ⓐのメッセージは相手のⒶの部分に向かい、混乱を沈静化します。

⑤ よりよい人間関係のためにNPとFCを適度に働かせる

NPは他者に対する肯定感、FCは自分に対する肯定感を表します。そこで、この両者を適度に発揮すれば、自他に対して肯定的となり、人間関係は円滑になります。ただ、NPが過剰になると「おせっかい」になったり相手の依存を強めたりします。また、FCが過剰になると自己中心的な言動をとりがちです。その点、NPとFCが適度かどうか判断できるためには、Ⓐの部分が働いていることが必要です。

紙上ゼミナール6　交流パターンをつかもう

次の交流は、どのような交流パターンか検討してみましょう。

① 「きみはそんなことをしてはだめだ」という教師の注意に対して、「すみません。もうしません」と返す子どもとの交流。

①
教師　　子ども
Ⓟ　　　Ⓟ
Ⓐ　　　Ⓐ
Ⓒ　　　Ⓒ

② 「きみはそんなことをしてはだめだ」と教師が注意すると、「うっとうしい」と子どもに言い返され、「なんだ。その態度は」と教師がどなり返す交流。

②
教師　　子ども
Ⓟ　　　Ⓟ
Ⓐ　　　Ⓐ
Ⓒ　　　Ⓒ

③ 「先生、私の友達はいろいろと悩みがあるらしいの。聞いてあげて」と、悩みがありそうな友達をときどき連れてくる子どもとの交流。

③
教師　　子ども
Ⓟ　　　Ⓟ
Ⓐ　　　Ⓐ
Ⓒ　　　Ⓒ

【紙上ゼミナール6】の解説

① 「……してはだめだ」という言葉は、教師の注意はCPから発せられたものでしょう。それに対して、子どもが申し訳なさそうに謝っているならば、それはACから発せられたものでしょう。教師が叱って子どもが謝るという交流は、図4-4①のように平行になっていると考えられ、コミュニケーションがスムーズにいっている交流です。

② ACには、従順さ・素直さと恨みの気持ちが同居しています。①のように素直に謝ることができればいいのですが、そうでないときには恨みの感情が生じている可能性があります。恨みは甘えがかなえられなかったときに生じる感情で、CPからの刺激に対して生じがちです。なぜなら、CPとは相手の気持ちに寄り添うよりも、自分の価値判断に重点を置く心の働きだからです。自分の気持ちを否定されると相手のメッセージに対して素直になれず、ついついひねくれた言動と

なって表れがちです。

　また、こうしたＡＣからの恨みの感情は、相手のⓅ、特にＣＰの部分を刺激します。だから、受け止める側としてはついついＣＰから否定的なメッセージを発してしまいたくなります。こうなるとＡＣとＣＰの平行交流になり、どちらかが交流を切らない限り続きます。ただ、①と違って非生産的な交流になるので、どこかでこの交流を変えていかなければなりません。

　こうした交流は、ルールを守らせようとするときに生じやすくなります。子どもがやってはいけないことをしたとき、大人は「それはだめだ」と止めなければいけません。しかし、「……すべき」ことを相手に納得させるためには、単に「……してはだめだ」といったかかわりではうまくいかないことがあります。

　こんなときは、交流ベクトルの法則をイメージしてください。交流を続けたいときは平行に保ち、切りたいときは交差させればいいのです。そこで、こうした混乱を落ち着かせるためには、時間を置いて対応するなど、Ⓐを働かせて（図4-4②の二重矢印）、まず一度交流を切る対応が必要です。

③ 教師のもとに友達を連れてきて相談させようとするのは現実検討のⒶです。

　しかし、それが繰り返される場合は、たとえば、「私の話も聞いて」といった意図（ＡＣからＮＰへの裏面交流）が裏に隠れているかもしれません。

　また、その子は、友達の相談を介して自分の悩みと向き合っているのかもしれません。その場合、こちらからその子の悩みを聞き出そうとすると、関係性自体が切れてしまうこともあります。相談を受ける教師は、こうした子どもの隠された意図にも配慮しながら、対応することが必要です。

【紙上ゼミナール６】の解答

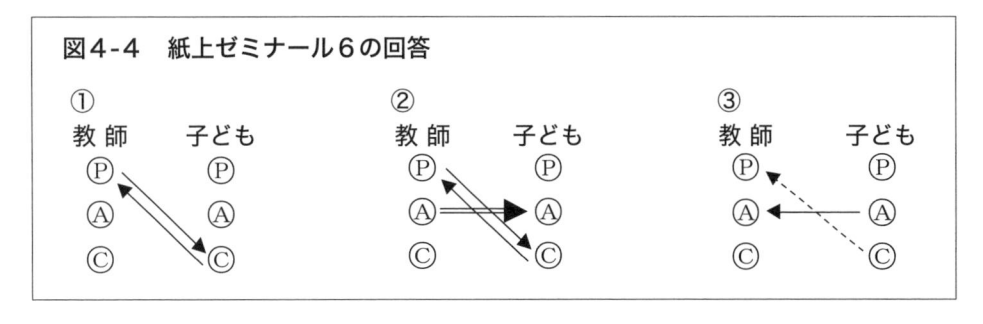

図4-4　紙上ゼミナール６の回答

① 教師　子ども　② 教師　子ども　③ 教師　子ども

3　交流パターン分析をするときの心構え

　これまでの説明を読んで、交流パターン分析は、どこか操作的なところがあるなと感じた方がいるのではないでしょうか。次に、交流パターン分析をするときの心構えについて見ていきましょう。

(1) 何のために分析をしようとするのか、目的を明らかにしておく

「分析」という行為は自分が相手よりも高みに立ち、一方的に見下ろすという点で、時には相手に対する敵意の表れとなることもあります。そうならないためには、分析する側が何のために分析するのかという目的について自覚しておく必要があります。

まず、「今、ここで、自分は相手との人間関係をどうしたいのか」という自問が必要です。相手と「うまくやりたい」と言いながら、実は相手を怒らせてばかりいる場合は、「うまくやりたい」の裏側に、「相手を困らせたい」といった気持ちが隠れているかもしれません。すると、たとえ相手に発した言葉自体は肯定的なものであっても、相手を困らせる結果になります。

(2) まずは自分への気づきの経験を基本に分析を行う

このように、「交流パターン分析」の過程では、自分への気づきが基本になります。自分についての気づきはさておいて、相手のことばかりを一方的に分析しようとすると、第5章で紹介する「ゲーム」のようにかえってまずい結果に終わってしまいます。

交流パターン分析を効果的に行う場合は、まず、自分自身への気づきの経験をしっかりと積んでおく必要があります。特に、自分の意図とは逆の結果が生じている場合は、再度、自分が相手との関係をどのようにしていきたいのかという点についての自問が必要です。

(3) 自分の社会的役割からするとどのような対応が適当か、現実的に検討する

次に必要なのは、「今、ここにおいて、自分は相手との関係をどうすれば適当か」といった現実検討です。その点、自分に期待される社会的役割の自覚も必要です。

つまり、あなたが教員ならば子どもに対して否定的な感情をもっていたとしても、子ども自身への影響や今後の自分と子どもとの関係性、周囲への影響などを考えていくと、教員として「今、ここで」、それを子どもにぶつけることが果たして適当かどうか現実的に検討し、判断するわけです。

こうした判断のためには、やはりⒶを働かせる必要があります。自分が感情的になっているとの自覚があれば、一呼吸おいたり席をはずしたりして、感情を鎮め、自分の言動や相手の反応について検討してみることです。Ⓐがうまく働かないと、かえって関係がこじれたり問題が深刻になったりすることがあります。そうしたこじれた人間関係のことを、交流分析では「ゲーム」と呼び、それを分析することを「ゲーム分析」と呼びます。ゲーム分析は交流分析の大きな柱ですし、子どもたちとの実際のかかわりに大変役に立ちますので、次章で詳しく見ていきましょう。

第4章 コラム かかわり方を変えると関係性が変わる

　子どもと教師の関係性ということを考えるとき、ある男子高校生のことを思い出します。

　彼は私よりも体格がよく、中学校時代は部活の強化指定選手に選ばれるような身体能力の高い生徒でした。その一方、今ひとつ自分に自信をもてておらず、教室に座っているときにも大きな背を丸めているように見える生徒でした。勉強でもスポーツでも、「もう少しがんばったら伸びてくる」のにと思えるところでやめてしまうことがよくあり、周囲はそんな彼をもどかしく思っていました。

　私は彼のクラスの授業を担当していました。最初はまあまあ授業に参加している感じがしました。ところが、夏休み明けから、彼は私の授業中よく居眠りをするようになりました。何度も注意するのですが、なかなか起きようとしません。そのうち、私の授業が始まると机に伏せるようになり、まったく起きなくなりました。放課後、個別に話をしても、そのときは「もう授業中、寝ない」と言うのですが、いざ授業が始まるとまた同じことの繰り返しです。

　彼は別に授業妨害をするわけではありませんが、何度注意しても起きないので、私自身、彼のことが妙に気になるようになり、注意することを繰り返してしまいました。

　彼の他の授業を担当している同僚に聞いてみると、授業中に寝ることはあっても、私の授業中ほどは寝ていないようです。意外に思ったのは、ある授業ではまったく寝ておらず、それどころか質問をしてくると言うのです。その授業を担当している先生は、何か自信がなく、授業中もおどおどしているように見える人で、授業中、生徒がざわざわしていると聞いていました。その先生に彼の様子を聞くと、「本当にまじめに取り組んでくれる」と手放しでほめるのです。

　その話を聞いてから、私はそれまでの彼に対する自分のかかわりを再検討してみることにしました。

　第4章で述べたとおり、「交流を切りたい場合はベクトルを交差させればいい」のです。私のベクトルはおそらくCPから彼のACへと向かっていた

はずです。ＣＰからＡＣへのベクトルが平行に維持されているうちに、彼と私との関係は悪循環を続けていったと考えました。そこで、平行に維持されているベクトルを切ることを意識するようにしました。

それとなく情報を集めていると、その後、彼は高校入学後にひざを痛めて得意な部活をやめてしまったということがわかりました。その経験は部活を中心に生活してきた彼にとって大きな挫折だったでしょう。それ以降、彼の笑顔が減ってきたそうです。そうした挫折経験を経て、彼のＡＣは強化され、その分、ＣＰからのかかわりに対して今まで以上に抵抗を感じるようになっていたのではないかと考えました。

それからの私は、自分の中のⒶの部分からのかかわりを中心として、ＮＰやＦＣの部分からのかかわりを増やすように意識しました。最初、彼はまったく起きようとしませんでしたが、頭ごなしに起こさずに、粘り強くかかわりを続けました。すると、冬休み明けごろからたまに身体を起こしている姿を見かけるようになりました。何よりも私自身、寝ている彼の姿が気にならなくなりました。

結局、私は彼のクラスの授業を次の年度も担当して、卒業までつきあうことになりました。彼の授業態度は飛躍的に改善することはなく、気がついたら寝ていることがあるという感じでしたが、寝ていることに気づいたら起こすくらいにとどめてかかわりを続けていました。

その後、彼は無事高校を卒業していきました。卒業するまで彼と私との関係に大きな変化はありませんでした。ところが、卒業してから半年ほど経ったある日、彼が不意に私のところに進路の相談をしに来ました。大学には行ったものの、自分がやりたかったことは何なのかわからなくなったというのです。そのときは１時間ほど話をして帰っていき、数か月後、再びその後の報告をしに来てくれました。

在学中の彼の授業態度を考えると、なぜ彼が私のところに相談に来てくれたのか不思議な気がしました。そのことについては、おそらく彼自身もよくわかっていなかったのではないかと思います。ただ、私が彼に対するかかわりを変えていなければ、彼が卒業後に訪れてくれることがなかったことは確かです。

学校は関係性の時空間です。関係性の中でさまざまなことが起きてきます。それは「こうしたから、こうなる」という因果論だけでは説明できないものです。しかし、周囲の大人が子どもとの関係性のあり方を見つめ直すことで、さまざまな変化が生まれてくることはまちがいありません。その点、交流パターン分析は、関係性への気づきを促してくれる糸口になると思っています。

第5章

ゲーム分析
人間関係のトラブルを読み解く

1　人はなぜゲームを行うのか

　自分なりに努力しても、こじれる人間関係が繰り返される場合、よくよく考えてみると、そうした人間関係に一定のパターンが見出されることがあります。交流分析では、このように、同じパターンで繰り返される人間関係のトラブルを「ゲーム」と呼びます。

紙上ゼミナール7　コミュニケーションの裏に隠れた交流をつかもう

　あなたは小学5年生のクラスを担任しています。そのクラスの有子さんは、普段はあまり目立たない子です。彼女は、5月の連休中に家族旅行に行っていたようで、連休明けの昼休みに、あなたのところに小さな紙包みを持ってやってきて、次のように言いました。
　「このお土産、余ったから捨てようと思ったんだけど、まあ捨てるのももったいないから持ってきた。先生、もし欲しかったらあげる」

こういうとき、有子さんを目の前にして、あなたならどうしますか。言動の背景を考えて、対応を考えてみましょう。

① 有子さんとあなたの交流パターン分析をしてみましょう。

　　　　　　　　　有子さん　　あなた
　　　　　　　　　　Ⓟ　　　　　Ⓟ
　　　　　　　　　　Ⓐ　　　　　Ⓐ
　　　　　　　　　　Ⓒ　　　　　Ⓒ

② 考えられる言動の背景は？

③ どんな対応が考えられるでしょうか？

【紙上ゼミナール7】の解説

　子どもに「このお土産、余ったから捨てようと思ったんだけど、まあ捨てるのももったいないから持ってきた。先生、もし欲しかったらあげる」と言われて、好ましく感じる人はあまりいないでしょう。いやな気持ちになって、ついつい「そんなのいらないよ」と言いたくなるところです。こうした妙に引っかかるコミュニケーションが、学校の中ではときどき見られます。そんなとき、ゲームという視点からかかわりを考えると、子どもの言動の背景がつかめ、具体的で、効果的な対応について検討することができます。

　人がゲームを行う要因としては、主に「ストロークの飢餓」「予測可能性」「時間の構造化」の3点があると考えられています。有子さんのケースを、この3つの視点から考えてみます。

(1) 人は刺激や反応のない状態に耐えられない──ストロークの飢餓

　交流分析では、ある人が他の存在を認めて、その認めたということをその人間に伝える行動を「ストローク」と言います。ストロークには、表5-1のように、「プラスのストローク」と「マイナスのストローク」、「無条件のストローク」と「条件付きのストローク」があります。

　ストロークは、その人がそこに存在することを認めるメッセージであり、私たちは誰かからストロークをもらうことによって自分の存在感を確認することができます。その点、ストロークは、私たちが心身ともに安定した生活を送るためには必要不可欠なものと言えます。そのため、それが不足すると、飲食物が不足したときのような飢餓感が生じます。ゲームは、こうした「ストロークの飢餓」に耐えられず、「何もないよりはマシ」という気持ちからマイナスのストロークを求めて始まります。

　また、表5-1のように、「あなたは○△ができるから好き」「勉強がんばったね」などと、相手から期待される「よいこと」をしたときにだけ与えられるストロークを条件付きストロークと言います。これは、たとえプラスのストロークであっても、「……ができる」といった条件に対する肯定的評価であって、その人自身に対する肯定ではありません。こうした条件付きストロークが続くと、人は相手の期待に応えて「よいこと」をするのがいやになります。

表5-1　4つのストローク

	無条件	条件付き
プラス	「あなたはかけがえのない人だ」というように、相手の言動や努力ではなく、相手自身に対する肯定的評価や承認を与える。実際には条件付きストロークになることが多く、無条件のストロークを得ることは難しい。	「あなたは○△ができるから好き」「勉強がんばったね」というように、こちらの期待する言動に対して肯定的な評価や承認を与える。言動を強化するために、子どもへのしつけでよく用いられる。
マイナス	「とにかくあなたが嫌い」「おまえなんかいなければいい」と、相手の言動や努力に関係なく、相手自身を否定・拒否する。無視などもこれにあたる。	「あなたは○△ができないからイヤ」「××をするからダメ」と、こちらの期待に反する相手の言動を否定・拒否する。子どもへのしつけでよく用いられる。

　有子さんの場合も、できればプラスの無条件のストロークが欲しいのですが、彼女は、それが自分にとっては手に入りにくいものであるということを経験の中で学んできたのでしょう。一方、マイナスのストロークの手に入れ方なら何度も学習して慣れているのでしょう。こうした場合、マイナスのストロークが返ってくることを想定した言動になりがちです。

　このように、ゲームをしがちな人は、「結局はマズイ結果になるんだろうな……」といった、否定的な予測を行う習慣を身につけています。

(2) 人は自分の周囲を予測可能な状態にしておきたい——予測可能性

　私たちには、自分がいる世界をできるだけ予想可能なものにして、不安や混乱を避け、安心したいという心の働きがあります。

　たとえば、期待が裏切られるのはいやなものです。期待をしても裏切られることが続くと、人は傷つくことに耐えられずに期待することをやめます。最初から「自分の期待どおりにはいかない」という見通しをもっていれば、期待が裏切られて傷つくことはなく、安全です。ゲームのような交流には、「やっぱりね。いくらやっても結局はこうなるんだ」という予測可能性を確認して安心しようとする側面があります。

　さて、有子さんは、その後の展開についてどのような予測をもっているのでしょうか。

　有子さんの、「捨てようと思ったんだけど、あげる」というⒶからⒶへの言葉の裏側には、すでに「いらなければ捨ててもいいよ」という結末が用意されています。つまり、有子さんの言葉は、74ページの図5-1のように、相手の拒否を予測したＡＣからＣＰへの裏面的なメッセージを含んでいるわけです。こうした表現ならば、たとえ相手に拒否されても深く傷つくことはありません。

　では、あなたが有子さんに「ありがとう。うれしいよ」といったプラスのストロークを返したらどうでしょうか。

　普通は、素直に感謝の気持ちを表されてうれしくないはずはありません。しかし、有子さんはうれしい気持ちの一方で、「こんなはずはない」と不安や混乱を感じる可能性があります。予測とは違う反応が返ってくることによって、有子さんのそれまでの予測可能性が揺らいでくるからです。それを喜ぶ気持ちがある一方、下手に信じると傷つく危険性があることを、それまでの経験から学んでいるために簡単に信じることができません。

　そこで有子さんは、あなたの気持ちを確かめたくなり、さまざまな裏面交流をしかけてきます。その裏側に隠されたメッセージに気づかずに、彼女の言動に刺激されて否定や拒否といったマイナスのストロークを与えると、有子さんは「やっぱり。結局、私は相手から拒否されるんだ」という自分の予測可能性を強化していくのです。このように、安全なコミュニケーションを求めるために、相手の反応を試す子どもがいます。子どもの試し行動に気づかずに引っかかった場合は、相手のとらえ方を強化していくことになります。

　たぶん有子さんは、もっと幼いときに、「私の気持ちは最後には拒否されることになる」という内的経験を積み重ねてきたのでしょう。「認められることを期待しては、裏切られる」ということを繰り返すうちに、裏切られても傷つかない交流パターンを身につけてきたのではないかと考えられます。

　このように、ゲームを行いがちな人は、否定的な事態についての予測が可能なもの

になるように、相手や周囲の状況を操作しようとします。操作することによって、自分が深く傷つかない工夫をしているのです。

(3) 人は意味のない時間に耐えられない──時間の構造化

　私たちはストロークを得るために、相手や自分を取り巻く環境をコントロールしようとしてさまざまな工夫をしています。そうすることで、日々の生活時間を自分にとって意味のあるものにしようとします。交流分析では、こうした心の働きを「時間の構造化」と言います。
　時間の構造化には、表5-2のように、「自閉」「儀式」「活動・仕事」「雑談・社交」「ゲーム」「親交」の6つの方法があります。
　「自閉」や「儀式」は、混乱や不安を生じにくく安全な時間の過ごし方ですが、その反面、手に入るストロークは弱いものになります。ストロークは、「活動・仕事」

表5-2　時間の構造化の6つの方法

自　閉	他人から身体的・精神的に遠ざかり、空想の世界で時間を過ごして、自分にストロークを与えようとする時間の使い方。他人との交流が少ない分、対立・葛藤を経験して傷つくことも少なく、最も安全な時間の構造化である。	少なくなる ↑ 人とのかかわり ↓ 多くなる
儀　式	日常的な挨拶や冠婚葬祭など、お互いに共有された一定の手続きに従って行動し、自分の役割を確認することでストロークを得ようとする時間の使い方。一定の手続きに従う限り、平行交流が中心になり、その後の展開はある程度予測できるので安全である。	
活動・仕事	仕事や問題解決など、自分の外の世界に向かって働きかけようとする生産的な時間の使い方。基本的にはⒶとⒶとの平行交流で、共通の目的をもつ。成功すればプラスのストロークを得ることができるが、失敗すればマイナスのストロークを得る危険性もある。	
雑談・社交	廊下での立ち話のように、スポーツや趣味など無難な話題をめぐって、特に深入りをせずに、適度に心地よいストロークの交換を行う時間の使い方。基本的には平行交流でかかわりが続き、非生産的であるが、人間関係の潤滑油の役目を果たす。	
ゲーム	密度の濃いストロークのやりとりができる時間の使い方。ただマイナスのストロークが中心であるため、十分に満足することはできずに何度も繰り返される。平行交流と裏面交流が同時進行する。一定のパターンがあり、結末が予想可能なため、ある程度安全である。	
親　交	互いに信頼し合い、相手に対して配慮をしながら親密に交流する時間の使い方。ⒶとⒶとの交流を基本にⓅやⒸも活性化し、素直に感じたり話したりできて、最高のストロークを得ることができる。しかし、互いに近づく分、交流が予測不可能なものになり、人によっては傷つきやすくなったり、見捨てられ不安・呑み込まれ不安が高まったりする。	

「雑談・社交」「ゲーム」「親交」となるにしたがって、いっそう濃密なものになり、特に、親密な交流を伴う「親交」が最も充実した時間の過ごし方になります。

ところが、親密な交流では、相手に対して心を開く分だけ無防備になります。こうした無防備な状況において、気持ちの行き違いが生じると自分が傷つく危険性が生じてきます。また、相手と親しくなると相手の反応や今後の展開の予測がつかず、不安にさらされがちです。

一方、「ゲーム」では、防備をめぐらせた状態で、密度の濃いストロークを得ることができます。また、相手をこちらの交流パターンに巻き込むために、その後の展開や結末の予測がついて安心できます。ですから、ゲームを行う人は、できるだけ親密な状態になることを避けようとしてゲームを行っているということができます。

有子さんの場合、「普段はあまり目立たない子」というところから、通常は「自閉」した時間の構造化を行っていると考えられます。「自閉」している間は混乱や葛藤に直面することもなく、安全です。しかし、時にはストロークが欲しくなります。すると、ゲームをして濃密な時間を過ごすわけです。そして、ゲームを繰り返すたびに、有子さんが対人関係に対して抱いている予測可能性が強化されていくのです。

【紙上ゼミナール7】の解答例

① 有子さんとあなたの交流パターン分析をしてみましょう。

図5-1

```
有子さん    あなた
  Ⓟ          Ⓟ
  Ⓐ────▶Ⓐ
  Ⓒ   ⋱     Ⓒ
```

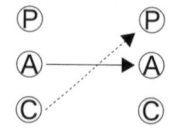

② 考えられる言動の背景は?

有子さんは、幼いときから、「私の気持ちは最後には拒否されることになる」という内的経験を積み重ねてきたと考えられます。「承認されることを期待しては、裏切られる」ということを繰り返すうちに、期待を裏切られても傷つかない交流パターンを身につけてきたのでしょう。そして、こうした否定的な事態についての予測が可能なものになるように、相手や周囲の状況を操作しようとするのです。周囲を操作することによって、期待が裏切られて自分が深く傷つかない工夫をしているのです。

③ どんな対応が考えられるでしょうか?

基本的には、否定的なストロークで返さないことです。ⒶからⒶへの働きかけ

に対しては、⑪から⑪への反応が無難です。「ありがとう」とお礼を返したあとは、もらったものを放置したりしないように、いったんは持ち帰るなどの配慮をしましょう。「もらったものを大事にしない」といったメッセージが伝わらないように気をつけることが大切です。

ただ、その後、彼女はあなたに対して試し行動を仕掛けてくることがあります。「私に対して（周囲の大人が）肯定的に対応するはずがない。仕方なしにしているんだ」といったとらえ方を証明するかのように、否定的な反応で返したくなるような言動をしかけてきます。そのときは、彼女の言動の裏面にある心の働きを考慮しながら、ＮＰからの反応を返すように心がけてみましょう。「ありがとう」だけでもいいので、笑顔で返せたらいいですね。遊び心を発揮して、ＦＣからその場の気分をほぐすような反応も、時には返してみましょう。

2　ゲームの進行過程とラケット

ゲームのような、こじれる人間関係を分析していくと、一定のパターンがあることに気づきます。交流分析の創始者であるＥ・バーンは、数多くの症例をもとにして、図5-2のような、ゲームの進行パターンを一般化する公式を考えました。

(1) ゲーム分析の公式

バーンの考えたゲーム分析の公式は、主に6つの過程から成り立っています。ゲームの進行パターンについて、【紙上ゼミナール7】の有子さんのケースをもとにまとめてみます。

① 隠れた動機（仕掛け）
まずゲームを仕掛けてくる人が、相手を引っかけてゲームに誘い込もうと、何か挑

図5-2　ゲーム分析の公式

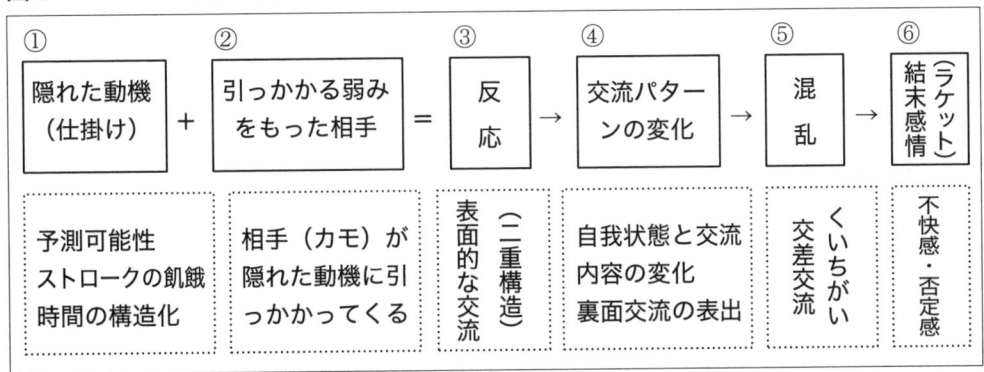

① 隠れた動機（仕掛け）	② 引っかかる弱みをもった相手	③ 反応	④ 交流パターンの変化	⑤ 混乱	⑥ 結末感情（ラケット）
＋	＝	→	→	→	
予測可能性 ストロークの飢餓 時間の構造化	相手（カモ）が隠れた動機に引っかかってくる	表面的な交流 （二重構造）	自我状態と交流内容の変化 裏面交流の表出	くいちがい 交差交流	不快感・否定感

発的なメッセージを送ってきます。

　たとえば、お土産を渡そうとする有子さんの言動に対して好感をもって反応を返す人は少ないでしょう。有子さんの言動の裏側には、「結局、あなたは私を拒否するんでしょう？」といった裏面的なメッセージが隠れていると考えられます。

② 引っかかる「弱み」をもった相手の存在

　図5-1のように、有子さんのＡＣから出た裏面的メッセージは、あなたのＣＰを刺激します。最初はⒶで反応していたあなたがＣＰで反応し始めると、ゲームに巻き込まれていきます。この場合、ＣＰの高い人が有子さんのゲームに引っかかりやすい「弱み」をもった人と言えます。

③ 反応（日常的なやりとり）

　最初のうちは、「妙だな」という感覚はあるものの、まだⒶとⒶとの表面的なやりとりが中心になります。その間、有子さんがあなたを試すような行動を仕掛けてきます。

④ 交流パターンの変化

　裏面交流に気づかずに、あなたが自分のＣＰから有子さんのＡＣに反応を返すと、ゲームの本番です。表面的な交流に替わって、その裏に隠れていた裏面交流が表面に表れてきます。有子さんは「先生は結局わかってくれない」といった言動をあなたに見せるようになります。

⑤ 混乱（相互の主張のくいちがい・交差交流）

　仕掛けたほうも引っかかったほうも混乱してきます。有子さんは「やっぱり先生も周囲の大人と同じで、私をばかにしているんだ。大人はみんなそうだ」と思い、あなたのほうは「なんてひねくれた子だ！」とお互いに相手を非難し合うようになります。

⑥ 結末感情（ラケット）

　最後には、有子さんは「結局、私は認めてもらえないんだ」という自己否定感やあなたに対する怒りの感情を味わい、あなたは「まったくどうしようもない子だ」といった否定的な感情を抱きます。結局、お互いが後味の悪い感情をもつようになります。

　このように、ゲームの結末で味わうことになる後味の悪い感情を、「ラケット」と言います。

(2) ラケットとゲーム

　ラケットとは、幼児期に、子どもが親の愛情を得る手段として形成され、成長した

あとも繰り返し表れてくる感情的な反応の仕方です。特に、ゲームの結末においては、こうした不快な感情を繰り返し味わうことになります。

ラケットには、次のような特徴があります。

① 幼児期に親のストロークを得るため、本来の感情を抑えて身につけた感情

幼児は親から認められ、ほめられるとうれしいものです。しかし、有子さんのように、本当は認めてもらいたくて、いろいろな努力を繰り返しても、それがかなえられない場合、そうした本来の感情を抑えて、「認められなくてもいい」「認められないのが普通だ」といった偽りの感情をつくり出す子もいます。そして、わざわざマイナスのストロークを得るために、ゲームを仕掛けてくるようになるのです。

② ラケットによって周囲からのストロークを得られるという期待

親の機嫌を損ねた子どもが、独りでさびしく沈んでいると、親がやってきてやさしい態度で接してくれるようなことが繰り返されると、子どもは逆にこういうパターンを利用したくなります。つまり、「私が憂うつな状態にいるときには、きっと誰かが私を慰めてくれる」という期待にしたがって、ストロークが欲しいときには、わざわざ憂うつな態度をとるようになることがあるのです。

③ ラケットは「感情をめぐる責任の所在」をあいまいにする

親が子どもに対して、「あなたが話しかけるから、お皿を割ったじゃないの」「おまえは本当に私をがっかりさせることばかりするね」といった表現を繰り返していると、親や他人の感情のあり方は自分に責任があるのだと思い込んでしまいがちになります。こうした応答が繰り返されると、やがて、責任転嫁のゲームを演じやすくなり、その分、人間関係がこじれがちになります。

3　ゲームに陥らないために

ゲームのようなこじれた人間関係に陥らないためには、何よりもまず、自分と相手の関係性の中で進行しているゲームの働きに気づくことが必要です。

(1) ゲームへの気づきのために

ゲームには、主に次のような特徴があります。こういった点に気づいたとき、その交流はゲームになっている可能性があります。
① 表面的な交流の下に裏面交流が隠れている。
② マイナスのストロークのやりとりが、自分や他人に否定的な評価を下すために行われる。

③ その過程で心理面や役割面での交替や混乱がある。
④ その結末で不快な感情を味わう。
⑤ 時間が早く経つわりに状況は改善しない。

また、さまざまなゲームのパターンについてある程度知っておくと、気づきやすくなります。

表5-3は、教師と子どもとの間で演じられる主なゲームについて整理したものです。皆さんの日常を振り返ってみて思い当たるパターンはありませんか。よく検討してみると、その人によってそれぞれ演じがちなゲームが見つかります。そうした傾向に気づくと、ゲームによる交流を途中で止めたり事前に回避したりすることができます。

ただ、こうした知識を得ると、「あれは○△というゲームだな」といった指摘をしたくなることがあります。しかし、こちらが相手を一方的に分析する態度は、相手よりも優位に立とうとする心の働きにつながります。直接、相手に指摘してしまいたくなったり、実際に指摘してしまったりしたときは、あなた自身が、たとえば「診断主義者」や「とっちめてやるぞ」といったゲームを演じている可能性があります。ゲーム分析自体をゲームにしないためには、その都度、ゲーム分析の目的を明確にすることです。

ゲーム分析の目的としては、主に次の2点が考えられます。こうした目的を、Ⓐの部分で意識化しようとする態度を大事にしましょう。
① 主に相手から挑発してくるゲームに乗らないように対応策を講じる。
② 自分自身がゲームを演じないコミュニケーションを身につける。

(2) 相手とのゲームをどう打ち切るか

子どもや保護者、周囲の者とのかかわりの過程で、なかなかうまくかかわることができず、「これはゲームかもしれない」と気づくことがあれば、次のような点に気をつけて対応してみましょう。

① 交差交流を用いる

交流パターン分析を思い出してください。互いのベクトルが平行していれば交流は続き、ベクトルが交差していれば交流はとだえます。すべてのゲームには表面的な交流の裏面で平行交流が行われており、その交流を交差させると、ゲームを切ることができます。

子どもがストロークを求めて行うゲームは、子どものⒸと教師のⓅ（特にＣＰ）との間の平行交流によって進行します。こうした交流を切りたい場合は、子どもの言動に対してすぐにⓅから反応せず、Ⓐを機能させ、子どもに対して事実に関する質問を行うよう心がけるのです。

表5-3 さまざまなゲーム

タイプ		名称	主な言動パターン
子どもの演じるゲーム	ストロークを求める	「大騒ぎ」	授業中私語をして注意を受けたり、教師のミスを強く責めたりするなど不快な刺激を与えて教師の反応を待つ。教師が子どもを叱ると、「私ばかりを責める」と訴えて、騒ぎを大きくする。
		「道化者」	ささいな失敗を繰り返したり、わざと教師に叱られたりして、周囲から失笑やひんしゅくを買う。
		「シュレミール」（ずる賢さ）	失敗を重ねて相手を怒らせておきながら、「わざとじゃないんです。ごめんなさい」と謝罪する。相手が怒ると、「謝っているのに怒るなんて」と責める。
		「キック・ミー」（私を怒って）	さまざまなトラブルを自分から招いて、教師から指導を受けたり、周囲から怒られたりする。
	相手を否定する	「あら探し」	相手の欠点を探し求め、相手の価値を認めずに非難する。完全主義傾向や抑うつ傾向がある人が演じやすい。相手を非難することで親密な状況になることを避ける場合もある。
		「はい、でも」	教師が勉強や生活面について「こうしたらどうか」と助言を与えると、「はい、でも……」と反論して実行に移そうとせず、最後には相手を黙らせて無力感を味わわせる。
		「引き延ばし」	提出物の期限を守らず、言い訳をして例外的な対応を要求し、時には提出しない。最初は寛容に対応していた教師や周囲の者も、次第に愛想を尽かしてくる。
		「疾病利得」	自分の心身の弱点を利用して責任を回避したり、失敗の言い訳をしたりする。周囲の者は、最初は同情するが、それが度重なると同情しなくなる。
	性の問題	「仲間割れ」	気になる発言をして異性間にトラブルの種をまいたり、仲間同士の対立を起こしたりする。本人は傍観者の立場をとる。
		「ラポ」（性的トラブル）	男女間に起こるトラブルによく見られる。女性が異性に対して誘惑的に接し、相手の態度が変わると責めるようなかたちで起こることが多い。
教師の演じるゲーム	ストロークを求める	「友達」	子どもと必要以上に親しくなり、教師であるよりも子どもの友人になろうとして混乱を招き、周囲に批判される。
		「ひどいもんだ」	自分が置かれた不幸な状況を嘆いて苦痛を訴え、周囲も同情するが、それが繰り返され、結局何も変わらない状態が続くと、周囲の者も次第に同情しなくなる。
	救済者の役割を演じる	「はい、でも」	「はい、でも……」と教師の助言を否定する子どもに対して、助言や解決策を次々と考えるが、結局受け入れられず、無力感を味わう。「あなたを何とかしてあげたいだけなのだ」のゲームに移行することもある。
		「あなたを何とかしてあげたいだけなのだ」	親身になって子どものために何かしようとするあまり、子どものやることをやってあげたり、家に泊めたりするが、子どもからは感謝の言葉がなかなか得られない。
		「こんなに無理しているのに」	子どものために全力をそそぐが期待した効果が得られず、心身の疲労を招く。相手は罪悪感を抱き、本人は報われない思いから抑うつ状態に陥ることもある。
		「診断主義者」	子どもの生育歴や外傷体験などに多大な関心を示し、同僚と分析することを好む。また、文献で似たようなケースを発見すると、それをそのまま子どもに当てはめようとする。
	迫害者の役割を演じる	「さあ、とっちめてやるぞ」	自分の気にくわない子どもに対して、子どもの規則違反や失敗につけこんで、それまで抑えてきた怒りを爆発させ、執拗に責める。
		「決めつけ」	内心の不安や恐怖に直面することを避けるために、誰かを悪者にすることによって物事を一面的に割り切ってとらえようとする。その背後には、自分が不当に扱われているという被害者意識が働いていることが多い。
		「どうしてなんだ」	「どうしてなんだ」と矢継ぎ早に子どもを問い詰めて、言い訳や反論を許さずに、子どもを沈黙させる。
		「あなたのせいでこうなったのだ」	「あなたのせいで……」と子どもに責任転嫁したり自己弁護したりするなど、子どもに罪悪感を抱かせる目的で演じられる。子どもの心はますます教師から離れる。
		「法廷」	子ども同士で解決すべき問題に教師が介入し、「大騒ぎ」のゲームを挑発する。教師が裁判官や調停役を演じると、議論は必要以上に混乱する。

たとえば、「いつごろからそうなったんだろう？」「誰がそう言ったんだろう？」「どこでそんなことがあったんだろう？」「そう思うようになったきっかけは何だろう？」というように、事実に即した問いかけを用いて、教師のⒶから子どものⒶに働きかけるようにします。

② マイナスのストロークに強く反応しない

　相手からもらうといやな気持ちになるのがマイナスのストロークです。マイナスのストロークの裏には相手を巻き込もうという意図が隠れています。そのため、それにまともに反応すると、「売り言葉に買い言葉」といったケンカになったり、やりとりのあとでいやな気分になったりしがちです。

　また、マイナスのストロークの背後には、幼いころからストロークをゆがんだかたちで受け取ろうとして身につけた感情の反応パターン（これが「ラケット」です）があります。マイナスのストロークに反応すると、そうした反応パターンをいっそう強化していくことになり、相手はますますゲームを演じやすくなります。

　ですから、マイナスのストロークに対して上手に対応することが、ゲームの進行を阻止することにつながります。そしてここでも、やはりⒶの働きが重要になります。

　たとえば、「先生はいつも僕ばっかり注意する」と言う子どもに対して、「きみから見たらそう感じられるんだね」「たとえば、どういうときにそう感じるんだろう？」などとⒶを機能させて事実を確かめ、子どものⒶの部分への働きかけを心がけるのです。

③ 自分をⒶの状態に保つ

　このように、Ⓐは混乱した状態を分けて整理する働きを表します。Ⓐの部分が機能していないと、事態はますます混乱し、人間関係はこじれていきます。また、Ⓐの部分が働いていないと、まず自分が現在対応しなければいけない状況がゲームなのかそうでないのか、相対化して考えることがなかなかできません。ゲームに巻き込まれないためには、やはりⒶをどのように働かせるかが重要です。

　ところが、実際にゲームの渦中に身を置いていると、意識はⒶのつもりで事実に関する言葉を口にしても、口調や態度がＣＰ優位になっていることがあります。すると、こちらの意識に反して、ゲームはいっそう進行します。

　かかわりの過程で対立・葛藤などの混乱が意識される場合は、少し間をとって身体面の緊張をとるようにしてみましょう。ＣＰの自我状態が強くなっているときには、身体的な緊張がどこかに強く表れています。自分をⒶの状態に保つためには、言葉だけでなく、声の調子や姿勢、身体的な緊張といった身体面への気づきも必要です。

　たとえば筆者は、息を吸うよりも吐くことに意識を向ける「10秒呼吸法」をよく用います。軽く深呼吸をするだけでも、気持ちを切り替えることができます。そうすることでＣＰからくる緊張をほぐし、身体をⒶの状態に近づけるようにします。

このように、意識面だけでなく、身体面からⒶの状態に入ることも効果的です。その点、自律訓練法や筋弛緩法など身体面からアプローチする方法は参考になります。

④ 延々と非生産的な時間を費やさない

あっという間に長い時間が経って、最初の目的が達成しておらず、かえって混乱したりいやな気分に陥ったりするのがゲームの特色です。

たとえば、子どものことで保護者と電話で話しているとき、何度話しても、話すたびに延々と同じ話を繰り返されていやになったり、長くなったのでこちらが電話を切ろうとすると、あとで非難されたりするときなどは、ゲームの可能性を検討しましょう。

こういった交流は延々と行わないことです。事前に終わりの時間を決めておいて、時間がきたらその場で話を打ち切ったりするなどの工夫をしてみてください。

(3) 教師自身がゲームを演じないために

教師のゲームは、ストロークを求めるⒸ、子どもへの情熱と愛情のＮＰ、決めつけや偏見のＣＰという３つの自我状態が中心になって演じられがちです。まずは、コミュニケーションの過程で、自分自身のどの自我状態が主導権をとりがちか、日ごろから検討しておきましょう。

また、教師と子どもとの間で演じられるゲームの多くは、子どものⒸがきっかけとなって、教師がⓅ（特にＣＰ）で応じるときに始まり、Ⓐが十分機能しないと進行していきます。そこで、相手とのかかわりがうまくいかないときには、ゲームの可能性を検討し、結末までの展開について、次のような自問自答をしてみましょう。

なお、そのときには必ずメモを用意して頭に浮かんだことを書きつけるようにしてください。自分の内面を何かに書きつけることによって、自分の内面を検討可能なものとして対象化することができます。それがⒶの部分を機能させることにつながり、自分の言動を客観的に振り返ることができるのです。

① 相手の表面的な交流の裏に、どんな心理的欲求が隠れているか。
② この交流を続けているうちに、心の中で自分に対してどのような言葉を発しているか。
③ 自分の心の中に、どのような感情や考えが繰り返し生じているか。
④ このかかわりが続くと、どのような結末を迎えると予想されるか。
⑤ 相手との交流が終わったとき、自分の心の中に、どのような感情（結末感情）が生じてくると予想されるか。

紙上ゼミナール 8　ゲームの視点からかかわり方を考えよう

　あなたはクラス担任です。クラスの茂夫くんがたびたび遅刻をしてきます。遅刻をするたびに、あなたは彼を呼んで話をします。あなたは、最初のうちは茂夫くんの言い分をできるだけ聴こうとしており、そうしている間は彼も話に乗ってくるのですが、どうすれば遅刻をしないかという点について助言や指導をしようとすると、「でもねえ、それは無理だよ」と何かと理由をつけて否定してきます。最後には、あなたのほうが「いいかげんにしなさい」と怒り出すか、「明日こそは気をつけなさいよ」と根負けして話を終える結果に終わってしまいます。そして、結局は、こうしたやりとりが再び繰り返されることになるのです。こうしたかかわりとその後の対応について、ゲームの視点から検討しましょう。

1　教師が演じているゲームは何ですか。表5-3を見ながら考えてみましょう。

2　茂夫くんが演じているゲームは何ですか。表5-3を見ながら考えてみましょう。

3　ゲーム分析の公式（図5-2）に沿って、このケースを考えてみましょう。
　①　茂夫くんの「隠れた動機」は何でしょうか。

　②　「引っかかる弱みをもった相手」はクラス担任ですが、どんな弱みをもっていると考えられるでしょうか。

　③　隠れた動機に引っかかって「反応」が起こりました。「表面交流」がどうなっているか、交流パターン分析を右図に記入してみましょう。

あなた　　茂夫くん
Ⓟ　　　　Ⓟ
Ⓐ　　　　Ⓐ
Ⓒ　　　　Ⓒ

④ 「交流パターンの変化」が起こり、自我状態と交流内容の変化が生じ、⑤「混乱」が起こりました。表出した「裏面交流」がどうなっているか、交流パターン分析を右図に記入してみましょう。

あなた　茂夫くん
Ⓟ　　　Ⓟ
Ⓐ　　　Ⓐ
Ⓒ　　　Ⓒ

⑥ このようなゲームが展開されると、「結末感情」は不快感や否定感の強いものになります。結末時の2人の交流パターン分析を右図に記入してみましょう。

あなた　茂夫くん
Ⓟ　　　Ⓟ
Ⓐ　　　Ⓐ
Ⓒ　　　Ⓒ

【紙上ゼミナール8】の解説

　あなたと茂夫くんのやりとりは、あなたが茂夫くんの話を聴いている間はさほど混乱もありません。しかし、あなたが遅刻について指導しようとしたとたん、茂夫くんの反応が変わってきます。そして、結局、時間をかけたわりには状況が変わらず、両者が不快な感じを抱いて面談が終わるのです。

　これを自我状態の視点から検討すると、図5-3①のようになります。表面上は助言に対する応答という、教師のⒶと子どものⒶとの間の交流ですが、時間をかけたわりに状況は変わらず、結果的に、両者は不快な感じを抱いて交流が終わります。こういう場合は、ⒶとⒶとの交流の裏側に隠れた裏面交流の存在を検討してみましょう。

　ここでもう一度、79ページの表5-3の「さまざまなゲーム」を見てください。

　この交流を教師に焦点を当てて見ると、「あなたを何とかしてあげたいだけなのだ」のゲームと考えられます。教師は親身になって生徒の役に立とうとしますが、感謝の意を表さない生徒の姿を見て、首をかしげる結果になります。その裏に図5-3②のように、優者が劣者を助けるのは当然との思い（ＣＰ）があるため、それが子どものＡＣを刺激して相手から素直に受け入れられないという可能性があります。

　また、子どもの側に焦点を当てると、「はい、でも」や「引き延ばし」のゲームを演じている可能性があります。交流の裏には、教師のＣＰからのかかわりは決して受け入れまいとする子どもの固い意志が潜んでい

図5-3　ゲームの展開

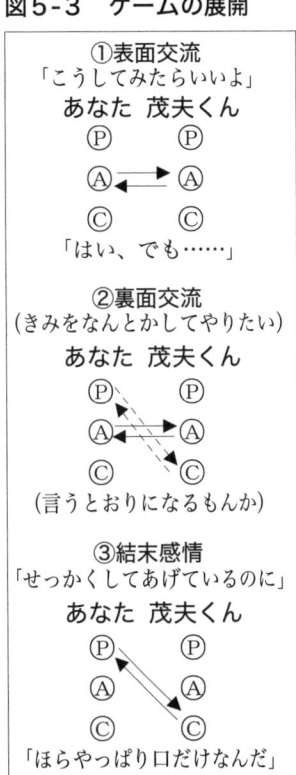

①表面交流
「こうしてみたらいいよ」
あなた　茂夫くん
Ⓟ　　　Ⓟ
Ⓐ ⟷ Ⓐ
Ⓒ　　　Ⓒ
「はい、でも……」

②裏面交流
（きみをなんとかしてやりたい）
あなた　茂夫くん
Ⓟ　　　Ⓟ
Ⓐ　　　Ⓐ
Ⓒ　　　Ⓒ
（言うとおりになるもんか）

③結末感情
「せっかくしてあげているのに」
あなた　茂夫くん
Ⓟ　　　Ⓟ
Ⓐ　　　Ⓐ
Ⓒ　　　Ⓒ
「ほらやっぱり口だけなんだ」

ると考えられます。そのため、図5-3③の結末では、お互いがお互いを批判し合う平行交流が続くことになります。

　どんなに望ましくない結末でも、それが繰り返される場合は、むしろその結末が求められていると考えるのがゲームの発想です。つまり、ゲームにおいては、繰り返される結末自体が、かかわりの動機になっていると考えるわけです。

　その視点から考えてみると、たとえば、茂夫くんの動機は、遅刻についての助言を求めることにあるのではなく、そうした助言を拒むこと自体にあると考えられます。

　あなたは、「茂夫くんが遅刻をしないように何とかしてやろう」と思って考えつく限りの助言をしますが、茂夫くんはそれを拒みます。あなたは助言を拒まれることで、腹立たしさや無力感を感じることになります。相手にそう感じさせることが繰り返されるならば、茂夫くんの言動の動機は、相手に腹立たしさや無力感を感じさせるところにあると考えられます。「おまえの言うとおりになるもんか」というわけです。

　また、茂夫くんからすると、遅刻の解決策についてあなたがあれこれ考えてくれ、自分はそれに反論するだけなので楽なものです。なにしろあなたが彼のやるべき「仕事」を代わりにやってくれているのですから。そのため、こうしたかかわりが続くと、彼はますます遅刻を自分自身の問題として検討していくことができなくなってしまいます。

　このように、望ましくないやりとりが、一定のパターンで、改善されることなく繰り返される場合は、自分と相手との関係性において何らかのからくりが働いています。そうしたからくりに気づいたら、Ⓐの部分を意識して、相手のマイナスのストロークに反応せず、不毛な平行交流を断つことです。

【紙上ゼミナール8】の解答例

1　「あなたを何とかしてあげたいだけなのだ」のゲーム
2　「はい、でも」と「引き延ばし」のゲーム
3　①　教師の助言を求めながら結果的にそれを拒み、教師に無力感を味わわせようとすること。
　②　子どもに対して親身になって何かをしてあげたいという気持ちが強いという点。
　③　現実的な会話のやりとりが中心になるので、図5-3①のように、ⒶとⒶとの平行交流。
　④⑤　ⒶとⒶとの平行交流の裏面では、図5-3②のように、茂夫くん側のⒸと教師側のⓅとの間でのもう1つの平行交流が進行しています。
　⑥　図5-3③のように、最後は茂夫くん側のⒸと教師側のⓅとの間の平行交流が表面に表れて、主にＡＣとＣＰとのやりとりが続きます。

4　ゲーム分析を関係性の見立てに活用する

　子どもの問題にかかわるときには、かかわりの方針と具体的な手立てを検討していくための、見立ての過程が不可欠です。ゲーム分析は、次のような点で、子どもの問題についての見立てに活用することができます。

(1) かかわりの質と効果を左右する関係性の問題

　関係性の問題は、人と人とのかかわりがあるところに生じます。当然、教師が子どもにかかわりをもとうとするところにも生じてきます。その点、子どもの事例について検討するということは、子どもを中心とした関係性の問題について検討することだと言えます。
　子どもの学習面や進路面の問題への教師の対応にも、こうした関係性の問題が深くかかわってきます。教師と子どもとの関係性によって、その子どもに対するかかわりの質やその効果が大きく変わってくるからです。交流分析では、関係性がうまくいっていないときにはゲームが働いていると考えます。
　たとえば、子どもの学習面や進路面についてかかわるとき、教師が「こうしたらどうだろう？」などと親身になってアドバイスをしても、なかなか子どもには通じない場合があります。そのときには、「はい、でも」や「あなたを何とかしてあげたいだけなのだ」といった、何らかのゲームが演じられている可能性を疑ってみましょう。もし互いの間でゲームが演じられ、関係性自体に問題が生じているならば、どのような領域を対象としていても、かかわりの効果は期待できません。

(2) 子どもにかかわる自分も視野に入れた見立て

　子どもを取り巻く学校の関係性の中には、常に教師自身が入っているという自覚も必要です。たとえば、図5-4①のように、ゲームという視点をもつことによって、子どもの抱えている問題を、かかわろうとする教師自身も含めた関係性の問題として相対化し、検討することができます。
　自分のあり方について客観的に分析するのはなかなか難しいものです。ゲーム分析においては、自分がかかわっている相手だけでなく、かかわる自分自身も含めて、その関係性の中にいるすべての者が分析の対象になっています。ですから、学校の中で演じられがちなゲームのパターン、あるいは自分自身が演じがちなゲームのパターンをある程度知っておくと、ゲームへの気づきを促すことができます。

(3) 見立てを行う自分自身も相対化する視点

ただ、ゲーム分析自体がゲームになることも十分考えられるので注意が必要です。

79ページの表5-3のように、それぞれのゲームのパターン自体はわかりやすくまとめることができます。わかりやすいということは、当てはめやすいということでもあります。そのため、子どもをめぐる関係性についての見立てを行うときに、見立てを行おうとする自分自身への気づきを欠くと、「診断主義者」や「決めつけ」、「法廷」といったゲームを演じてしまう危険性があります。

ゲームという視点を活用することによって、図5-4②のように、子どもと教師の関係性についての見立てだけでなく、見立てを行う自分自身をも相対化して、その場全体の関係性への気づきを促すことができます。

図5-4　関係性への見立て
① 二者関係についての見立て

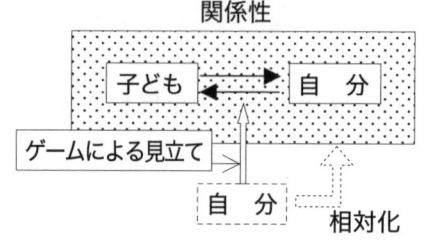

② 三者関係についての見立て

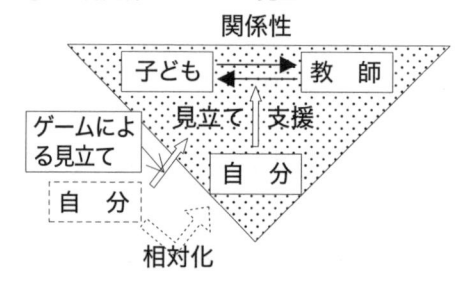

それでは次に、ケースを通して、ゲームという視点を生かした見立て方について検討してみましょう。

5　実際のケースから

(1) 子どもの指導をめぐる教師同士のゲーム

【ケース1】
　高校1年生の杏子さんが、養護教諭の田中先生のところに「クラス担任の鈴木先生の対応が我慢できない」と言ってやってきました。杏子さんの話を聞くともっともな話なので、田中先生は、担任の授業に出たくないという杏子さんの気持ちにそって保健室で休ませました。
　あとで杏子さんに事情を尋ねた鈴木先生は、杏子さんの話から養護教諭の田中先生が杏子さんを不必要に甘やかしているように感じ、きちんと授業に出るように杏子さんを指導しました。

しかし、その後も、杏子さんが鈴木先生の授業中に保健室で過ごすことがあり、鈴木先生は田中先生の指導が甘やかしではないかと不満をもつようになりました。一方、田中先生も、鈴木先生のクラス担任としての対応が不適切ではないかと感じています。

　子どもへのかかわり方をめぐって、教師同士の間に対立・葛藤が生まれることがあります。ケース1の場合、杏子さんへの対応をめぐって、田中先生と鈴木先生との間で葛藤が生じてきています。これはCPを中心とした交流です。杏子さんに対する鈴木先生のかかわりにおいてもゲームが演じられていた可能性がありますが、ここでは、杏子さんへの対応をめぐって、2人の同僚の間で対立・葛藤が生じている3人の関係性に注目してみましょう。

　「仲間割れ」というゲームがあります。これは、図5-5のように、特定の2人の関係に対立・葛藤が生じるように、もう1人が無意識的に操作して演じられるものです。

図5-5　「仲間割れ」のゲーム

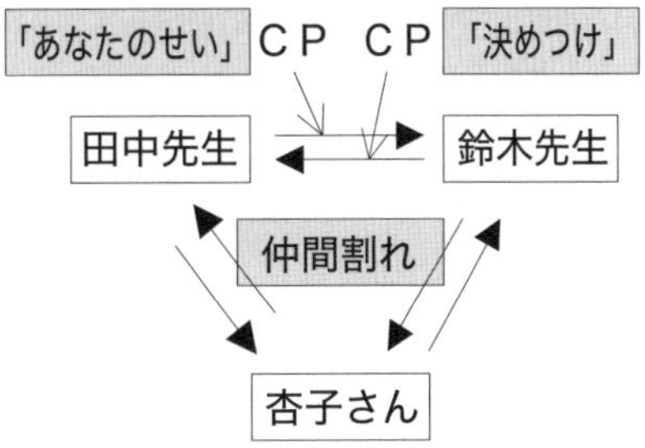

　この3人の関係を見るとき、最も安定していると考えられるのは杏子さんでしょう。杏子さんにとっては、田中先生と鈴木先生が「自分のために」やりとりをしてくれていることで、自分の存在感を確認できます。それによって、杏子さんは強いストロークを得ることができます。見方によっては、杏子さんが自分の心の中の葛藤を外在化し、周囲を対立・葛藤状態にすることによって、自分の心の安定を図る働きがあると考えることもできます。いずれにせよ、2人の先生が対立・葛藤の関係にある間、杏子さんの状況は変わりそうにありません。

　このように、子どもと教師との間だけでなく、教師同士の間でもゲームは演じられるのです。「正義」対「正義」の対決になることもあり、そうなると非生産的な時間が延々と続きます。学校には、子どもとの関係性以上に、同僚間の関係性が重要な場面がよくあります。

　この状況で互いに相手を変えようとしてもなかなかうまくいきません。事態はいっそう混乱し、田中先生と鈴木先生の関係は周りの同僚や杏子さんの保護者も巻き込んで、「あなたのせいでこうなったのだ」といった、新たなゲームに発展するかもしれません。

　そうした混乱を回避するためには、まずⒶの部分を働かせて、「杏子さんがどうなることが適当と考えられるか」といった、かかわりの本来の目的を確認することです。そして、その目的に近づくためには、相手にどうかかわればいいのか、目的から逆算してこちら側のかかわり方を検討するのです。ゲームへの対応においては、相手を変えるのではなく、「相手と自分との関係性を変えるために、自分のかかわり方を変え

る」という発想が不可欠です。

　たとえば、こうしたゲームの働きに一方の教師が気づいた場合、杏子さんに振り回されずに、もう一方の教師と連絡を取り合い、彼女に対してチームの枠組みを組んで対応することです。それが対応の枠組みをつくっていくことにもつながります。ＣＰから相手の教師の対応に批判を向けるのではなく、Ⓐの部分を意識した言動を心がけるのです。

(2) 子ども相互のトラブルをめぐる教師のゲーム

> 【ケース２】
> 　近藤先生は、自分が担任するクラスの理香さんから「保子さんたちから仲間はずれにされていて毎日がつらい」という相談を受けました。落ち込んで涙ぐむ理香さんを見て、何とかしてやらなければならないと考えた近藤先生は、さっそく保子さんたちを呼んで話を聴きました。すると、保子さんは「理香さんが他の人に私の悪口を言うから『やめて』って言っただけなのに……」と不満げです。
> 　近藤先生は、保子さんとの話の内容を理香さんに伝えて確認すると、「それは保子さんの誤解です。私は何もしていない」と言います。
> 　両者の話はいつまでも平行線なので、近藤先生は理香さんと保子さんを会わせて話し合いをさせようとしましたが、話は結局うまくかみ合いません。最後には、近藤先生が、理香さんと保子さんの２人から「先生はどっちの味方なの？」と責められるようになりました。

　クラス担任をしていると、クラス内の子ども間でトラブルが生じることがあります。友人間のトラブルについて相談を受けたとき、担任の教師としては何とかしてやりたくなるものです。しかし、よかれと思ってしたことでも、目先のことだけを考えて行動しているとかえって混乱を招いてしまいます。

　このように、子ども同士で解決すべき問題に教師が介入することによって、騒ぎがますます大きくなるかかわりを「法廷」のゲームと言います。ゲームの名称どおり、教師が裁判官役や調停役を演じてしまうと、子どもたちのやりとりは必要以上に混乱するようになります。こうしたゲームは親を中心にしたきょうだい葛藤のようなものですから、子ども同士の間では互いの譲歩などなく、いくら教師がかかわっても何の解決にも至りません。そして、最後には介入した教師が子どもたちから責められる結果になります。

　こうしたかかわりの主役は、幼いときから権威をもつ人物を巧みに操って自分の味方につけたり、敵から身を守るために利用したりしてきた子どもや大人です。近藤先生からすると、「何とかしてやろう」「よかれと思ってやったんだ」との思いや「もし

こじれてしまってこの子が学校に来なくなったらどうしよう」などといった不安があるのでしょう。しかし、そういう思いや不安が強い人ほど、こうしたゲームに引っかかりやすいのです。

　もちろん教師が最終的に介入しなければならない子ども間のトラブルはあります。子ども間のトラブルは放置しておけばいいと言っているのではなく、勇み足は禁物です、ということです。

　このケースのように、子ども同士のトラブルへの介入の過程で、自分は「利用されているのではないか」と感じられることがあります。また、実際に、介入すればするほど、子ども同士の関係がこじれてきます。そういうときは、教師と子どもとの関係性の中に、教師が意識できていないゲームのからくりが働いているということです。そして、ゲームのからくりが働いているときには、「何とかしよう」と思って教師が動けば動くほど、事態は混乱してくるのです。

　また、こうした混乱の過程では、役割の交代が生じます。たとえば、最初、近藤先生は子どもを援助する立場でしたが、最後には子どもから責められる立場になっています。こうした役割の交代とそれに伴う混乱に目を向けたのが、次に説明する「ドラマ三角関係」です。

(3) ドラマ三角関係（役割の交代と混乱）

> 【ケース3】
> 　中学2年生の健司くんが学校を休みがちになりました。朝、学校に行こうと思ってもお腹が痛くなってきて、結局は休むこともよくあります。
> 　担任の細川先生は、母親の話を聞いたり家庭訪問をしたりして、健司くんを支援しようとしてきました。しかし、久しぶりに登校した健司くんへの細川先生の言葉かけがきっかけとなって、健司くんはまったく学校に来なくなりました。そのとたんに、母親は先生のことを批判するようになりました。健司くんも母親に対して、先生に対する不信感を語っているようです。
> 　細川先生は自分の言動を謝りますが、母親は、事あるごとに「あの一言さえなければ」と先生に対する不信感を表します。

　このケースをたどっていくと、かかわりの途中で登場人物の役割交代が生じていることに気づくでしょう。

　カープマンという心理学者は、ゲームの過程において、図5-6のように迫害者、救済者、犠牲者の3つの役割の間で、相互にいろいろな転換があることに注目しました。

　迫害者は、2人以上の人間関係の中で、支配的な力を発揮し、相手の行動を抑えた

り支持したりする人で、ＣＰを中心に演じられる役割です。

犠牲者は、対立する人間関係において、その力のバランスを保つために犠牲になる人で、自己否定・他者肯定的なＡＣを中心に演じられる役割です。

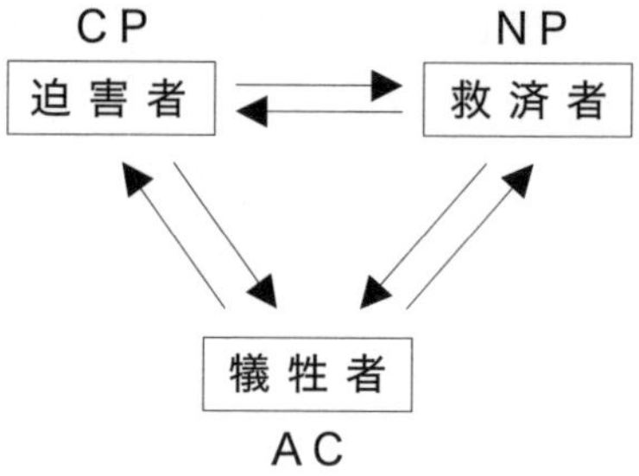

救済者は、犠牲者を助けたり、迫害者を支持したりする人で、親身になって支援することによって相手を自分に依存させる役割を演じがちです。これは、ＮＰを中心に演じられていると考えられます。

図5-6　カープマンのドラマ三角関係

```
    ＣＰ              ＮＰ
  ┌─────┐          ┌─────┐
  │迫害者│ ←──→    │救済者│
  └─────┘          └─────┘
      ↘            ↙
       ┌─────┐
       │犠牲者│
       └─────┘
         ＡＣ
```

こうした３つの役割の間で役割交代が行われるたびに、ドラマティックな展開があり、その中にいる者は強いストロークを得ることができます。

最初、健司くんとその母親は犠牲者の役割を演じていました。ところが、細川先生の言動がきっかけになって、迫害者の役割に転じます。「あなたのせいでこうなったのだ」のゲームです。それによって、細川先生は救済者から犠牲者の役割に転じることになります。そして、三者の交流は、「健司くんがこれからどうすればよいか」という、このケースの本質的な課題からますます離れていくのです。

あなたが、もしケース３についての支援を行う場合には、どのように対応したらいいでしょうか。

まずは、この関係性にはゲームのからくりが機能していることに「気づくこと」です。ゲームの特徴の１つは、その過程において心理面や役割面の交代やそれに伴う混乱が生じることです。このように途中で役割の交代が起こり、それに伴って混乱が生じる場合は、ゲームの存在を疑ってみましょう。

次には、ゲームの存在に気づいた上で、あなた自身がゲームを演じないように気をつけることです。

たとえば、責任の所在を明らかにしようとすると、「法廷」のゲームを演じて非生産的な堂々巡りに終わり、事態はいっそう混乱するでしょう。あなたと細川先生との間に亀裂が入るかもしれません。また、「診断主義者」のゲームを演じて健司くんの家庭の状況や細川先生の言動の背景を分析するだけでは、自己満足に終わってしまいます。

こうした気づきを促すことができたら、今度はⒶの部分を働かせることです。まずは情報を整理して事実と感情の部分を区別し、健司くんをめぐって「今、何が問題となっているか」「今後の課題は何か」について検討することです。

細川先生を悪者にしている間は、健司くんと母親は安定できるかもしれませんが、状況は変わりません。たとえば、「これからどうなればいいのか」という現実的な目標や課題を確認した上で、そこから逆算して、「今、できることは何か」といった現実検討から始めるのです。過去に向かう責任追及志向ではなく、「今、ここから」に

焦点を当てた問題解決志向を心がけてみましょう。

　ケース1、ケース2、ケース3の3つの事例に共通するのは、ゲームが始まると、子どもの問題点や今後の課題の検討は、ますますその本質からはずれ、ゲームへの参加者の葛藤や混乱が生じていくことです。むしろ、こうした点こそがゲームを演じる目的の1つでもあります。なぜなら、ゲームを演じている間は、ゲームに参加しているそれぞれが本来直面するべき問題や課題と向き合わなくてもすむからです。こうしてゲームという時間が構造化され、延々と非生産的な時間が続く結果になるのです。

　こういうときには、いたずらに相手を変えようとすればするほど、事態は混乱していきます。なぜなら、人は、むしろ自分を変えたくないがためにゲームを行っているからです。自分は変わらずに相手だけを変えようとする働きかけが中心になるのがゲームの特徴の1つです。

　過去と相手を変えることはできません。変えることができるのは、過去と相手に対する自分のとらえ方・かかわり方です。教師がとらえ方を変えることによってかかわり方が変わり、そうした変化が教師と子どもの関係性を変えていくことになります。ゲームという視点をもつことによって、それが少しでも可能になるのです。

第5章 コラム 「甘える」「試す」「うらむ」

　土居健郎氏は、甘えの心理を日本人独特のものとしてとらえ、それを表す言葉として、「甘える」という一語だけでなく、甘えられない状態を表す「すねる」「うらむ」といった言葉をあげています（土居　1971）。学校を舞台として行われるゲームの背景について考えていくとき、この「甘える」「すねる」「うらむ」といった心の動きが感じられることがよくあります。

　たとえば、第5章の【紙上ゼミナール7】で取り上げた有子さんのケースは、素直に甘えることができず、「すねる」「うらむ」といった反応につながっているケースと考えられます。

　土居氏は、「すねる」気持ちは素直に「甘える」ことができないところから生じてくるものであり、その結果、自分が不当な取り扱いを受けていると曲解すると「ひがむ」ことになるし、甘えが拒絶されたと感じることで相手に敵意を向けるようになると「うらむ」ようになると述べています。「すねる」ことも「ひがむ」ことも「うらむ」ことも、その根っこには甘えの心理があるのです。

　たとえば、子どもは周囲の大人から受け入れてもらえたという気持ちをもつことで、自分を取り巻く世界に対して基本的な信頼感をもつことができ、それが自己肯定感へとつながっていきます。そうした感覚がもてないまま成長してきた人は、周囲に対する不信感ゆえに、ちょっとした行き違いからうらみの感情を抱くことになります。うらみの感情を抱く人は、素直に甘えたくてもそれが拒否されることの不安から甘えられない人なのです。

　こうした人へのかかわりを通して気をつけなければならないのは、「甘える」と「うらむ」の間に、「試す」という心の動きが介在するということです。実際、ゲームは、相手が甘えの対象となるかどうか「試す」過程で生じてくることが多いように思います。試してみた結果、相手がそれに耐えきれなくなると、甘えが「うらみ」に転じるのです。こう考えていくと、私はこの「うらみ」という心の動きに「裏見」という字を当ててしまいたくなります。

　自分は周囲に受け入れられる価値をもった人間であるという感覚のある人

は、他者に対して素直に「甘える」ことができます。ところが、甘えを受け入れてもらえるという期待を裏切られ続け、その感覚をもてない人は、自分の気持ちを受け入れてもらえるかどうか試しておかないと、また裏切られるのではないかと不安になります。つまり、そうした人は、相手の言動の裏を見てみないことには安心できない「裏見」の人と言えるのではないでしょうか。

このように、「うらみ」を抱きがちな人は、親密な人間関係をもつことがなかなかできません。何も試さずに相手に信頼を寄せていくと、いつ裏切られて離れられるかわからないという「見捨てられ不安」が彼らの根っこにはあります。そのため、相手との人間関係が親密になってくると、相手の言動が肯定的なものであってもその裏を考えてしまい、信頼しても大丈夫かどうか相手を試したくなるのです。

しかし、試されたほうは大変です。よかれと思ってやっていても、それをたびたび裏切られるわけですから、そのうちいやになります。「石橋をたたいて渡る」ということわざがありますが、試し行動の多い人は、石橋をたたき壊すことで、「ほら、やっぱり渡れなかっただろ？」と安心する人と言えます。

ただ、「甘える」ことが大事と言っても、誰にでも甘えすぎる人は困りものです。Ⓐが未発達で幼児的な万能感が抜け切れない人は、周囲が自分の思いを受け入れてくれて当たり前と感じてしまいます。そのため、周囲への気配りが足りずに周囲とトラブルを起こしてしまいがちです。こうした甘えすぎる人とかかわるときには、自分の置かれている状況を客観的に振り返るⒶの成長を促すとともに、自分が「してもらう」だけでなく、他者に「してあげる」ＮＰの働きを高めていく対応が必要です。

また、こうした甘えすぎる子どもの背景には、子どもを自分に依存させることで、自分の安定を図るような大人がいることがあります。自分自身が自立できていない大人です。自立が求められる思春期には、それまでの成長過程で不十分だった依存のテーマがたびたび繰り返されます。このテーマは思春期を通り過ぎたらおしまいというものではなく、むしろ思春期から始まる一生のテーマだと思います。自立と依存のテーマは、子どもだけでなく周囲の大人の中にも潜在しており、相互に影響を与え合っています。そこから、ゲームが生じてきやすくなるのです。

相手の試し行動にはまり込まないようにしながら、その甘えを適度に受け止めていくためには、子どもと向かい合う私たち大人自身が、自分の中の甘えとうらみの感情の現れ方について、ある程度自覚しておく必要があります。

第6章

脚本分析
児童生徒をより深く理解する

1　脚本とは何か

　一生懸命やっていても最後にミスをしてそれまでの努力が報われなくなったり、親密な対人関係を築こうとしても最後には自分から人間関係を壊したりすることを繰り返す人に出会うことがあります。そういった生き方をしている人を見ていると、その人の人生には何か定められた脚本があり、その脚本どおりに、強迫的に生きようとしているのではないかと感じられてくることがあります。

　交流分析の創始者E・バーンは、これを「人生脚本」と呼び、「人生早期に親の影響の下で発達し、現在も進行中のプログラムを言い、個人の人生の最も重要な局面で、どう行動すべきか指図するもの」と定義しています。つまり、人生の脚本とは、その人がまだ幼いころに、特に親などの身近な大人との間で経験した出来事を、自分なりに解釈し、そして「自分はこのように生きていくのだ」といった決断をしていく過程で生まれてきた人生の計画なのです。

　第5章では、自分がいる世界をできるだけ予想可能なものにして、不安や混乱を避け、安心したいという心の働きが私たちにはあることを学びました。人生の脚本は、まさに、自分の人生を予測可能なものにするために力を発揮します。普段は特に問題

がないように見えても、その人の脚本は人生のさまざまな局面において影響力をもち、その人生を左右するのです。

　学校での子どもたちの進路選択の場面を見ていると、高いレベルの選択肢を選ぶ能力も環境もあるのに、わざわざ低いレベルの選択肢を選ぶ子どももいれば、自分の能力以上の高いレベルの選択を常に自分に課してしまって挫折を繰り返す子どももいます。また、成功の一歩手前までくると、何かの理由をつけてそれを回避したり、簡単なことで失敗をしてせっかくのチャンスを棒に振ったりする子どももいます。同じ選択肢が目の前にあっても、その選び方はそれぞれ異なっています。こうした子どもたちの進路選択の仕方について考えていくとき、その子がどういう脚本に従って生きているのかといった視点から考えてみると、腑に落ちることがあります。

　私たちの人生に潜在し、さまざまな選択場面で影響力をもつ脚本を意識化することで、「脚本の内容に問題が感じられる場合は、自分の脚本を修正していこう」とするのが、脚本分析の考え方です。

　脚本分析は、これまでに学んできた構造分析や交流パターン分析、ゲーム分析などを統合した理論と技法の体系です。脚本分析を学ぶことによって、自分がかかわろうとする子どもの抱えている問題やその背景について、いっそう理解を深めることができます。

2　人生に対する基本的構え

(1) 基本的構えとは

　脚本分析の中で、日頃の人間関係について考えるときに参考になるのが「基本的構え」（「人生態度」と呼ぶこともあります）の考え方です。

　交流分析では、人が幼いころに親など周囲の大人とのふれあいが主体となってできてきた、自己・他人・自分を取り巻く世界に対して反応する態度を、基本的構えと言います。人は人生の早期において一定の基本的構えをとると、その修正がなされない限り、自分の世界を常に予測可能な状態にしておこうとして、その構えを確認し、強化していきます。

① 私はOKだ。あなたもOKだ。（自己肯定・他者肯定）

　この構えは、自分の価値と他人の価値を認め、自分も他人も「生きるにふさわしい」と人生を肯定的にとらえ、建設的に生きていこうとするあり方です。この構えが身についている人は、「他人と違う本当の私」というアイデンティティを保つ一方、他者の独自性も尊重します。相手に対して自分なりの意見を述べますが、同時に他者の意見を聞こうとします。そして、周囲との調和の中で自己の可能性を見いだそうとする態度で生きていこうとします。

② 私はOKだ。あなたはOKでない。（自己肯定・他者否定）

　この構えは、投影という防衛機制によるものです。投影とは、自分の内的な欲求や衝動・感情などを心の中にとどめておくのが不快であるとき、それを外に映し出してしまうことで自分を守ろうとする心の動きです。この構えをもつ人は、内面が不安なときや自信がなく自分に対して否定的な感情が強くなるとき、他者を否定することによって相対的に自己を肯定し、自分が感じている不安や自信のなさを解消しようとします。他者に対して威圧的であったり攻撃的であったりするため、一見自分に自信をもっているように見えるかもしれませんが、その根っこにあるのは、自己否定の構えです。できるだけ自分の内面と向き合うことを拒否し、自分にとって都合の悪いことが起きると、「おまえのせいでこうなったんだ！」と他人を責めたり、責任を転嫁したりする態度で周囲に反応するようになるのです。

③ 私はOKでない。あなたはOKだ。（自己否定・他者肯定）

　これは、自己主張をしない、人の顔色をうかがう、他者の期待にそうなど、ＡＣの部分に多大なエネルギーを費やして生きている人の構えです。周囲の反応を気にして、「いい子」としてふるまっており、周りからもそう見られますが、その人自身は自分の生活を楽しんではいません。また、「ダメ人間」と自己評価を下しながら、「かわいそうな私」といった被害者意識で自分をとらえがちなところもあります。こうした生き方を避けられない「運命」とみなし、そこから積極的に脱出しようとせず、依存的な態度をとり続けます。そのため、最初は同情していた周囲の人も次第に離れていきます。

④ 私はOKでない。あなたはOKでない。（自己否定・他者否定）

　この構えを身につけている人は、人生に意義を見いだすことができず、周囲とのかかわりをできるだけ避け、自分の殻の中に閉じこもろうとしがちです。また、自分のやっていることに意味を見いだせず、前向きになりにくいところもあります。他人が肯定的な言葉をかけてきても、ついついその裏を考えてしまい、素直に受け止められなかったり、また、他人が困っていても温かい言葉や態度を示せなかったりします。自分に対しても他人に対しても不信感をもっており、うまく人生を楽しめないところがあります。

　この構えのある人の中には、愛されたいという欲求が強いために、相手が自分を引き続き愛してくれているかをいつも確認しておかないと気が済まない人もいます。こうしたタイプの人は、「見捨てられ不安」が強く、その不安が強まると相手にしがみつこうとします。相手が自分から離れずにいるか確かめるために相手を試そうとし、結局最後には相手に離れられてしまう結果になることが多くなります。それまでの人間関係の中で人との適切なかかわり方が身についていないので、かえって相手の拒絶を招くことばかりしてしまうのです。

(2) 基本的構えとエゴグラム

　自分の基本的構えについての気づきを促すための資料としては、「OKグラム」という質問紙があります。表2-1（24ページ参照）で紹介した「TAOK」など、そのための質問紙も市販されております。そうした既成の質問紙を活用することで基本的構えについて分析することができますが、エゴグラムを用いることで基本的構えの傾向についてつかむことも可能です。

　図6-1にある4つのエゴグラムパターンは、それぞれの基本的構えについて典型的なエゴグラムを示したものです。たとえば、図2-4（33ページ参照）のように、個々の自我状態はそれぞれ自分や他者に対する肯定的な態度や否定的な態度を表していると考えることができます。基本的構えの視点からエゴグラムの分析を行うことで、その人のもっている人生脚本について検討することが可能になります。

図6-1　基本的構えとエゴグラム

① 自己肯定・他者肯定のエゴグラム

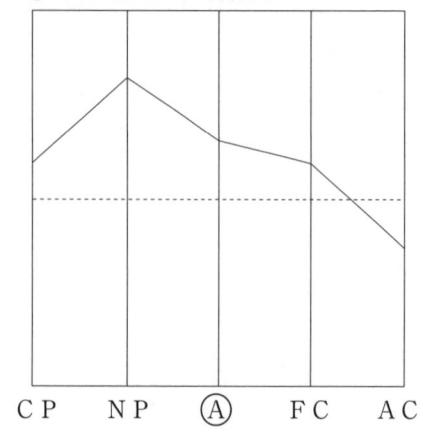

② 自己肯定・他者否定のエゴグラム

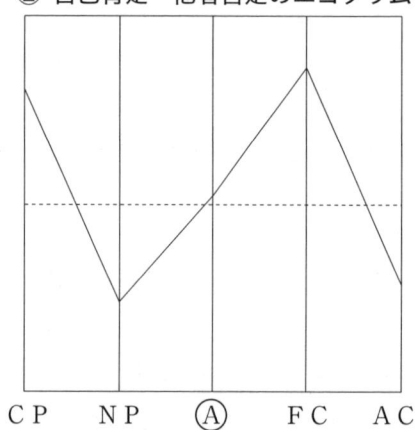

③ 自己否定・他者肯定のエゴグラム

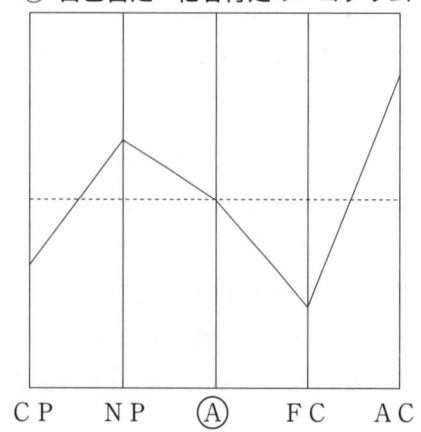

④ 自己否定・他者否定のエゴグラム

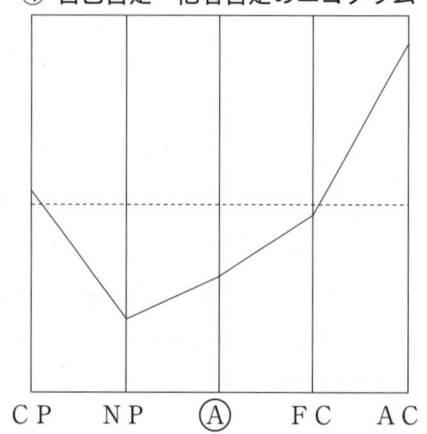

① 自己肯定・他者肯定のエゴグラム

　このパターンのエゴグラムは、相手に対する肯定的態度を表すＮＰを頂点として、ＡＣへと下っていく山型で、Ⓟやⓐの働きが強いのが特徴です。ＦＣもある程度高く、相手だけでなく自分自身に対しても肯定的な感情をもっているので、自分の感情を素直に表現することができます。他者と親密な関係をもつことができ、余計なストレスを抱え込むことがありません。

② 自己肯定・他者否定のエゴグラム

　このパターンのエゴグラムを表す人は、他者に批判的な態度を表すＣＰと自分に肯定的な態度を表すＦＣが強く、自己中心的な態度をとりがちです。他者に肯定的な態度を表すＮＰと自分に否定的な態度を表すＡＣが低いため、いっそうその傾向は顕著になります。視覚的には逆Ｎ型のパターンになります。

③ 自己否定・他者肯定のエゴグラム

　自己肯定・他者否定のエゴグラムと対照的なパターンをもつのが、自己否定・他者肯定のエゴグラムで、ＮＰとＡＣが高く、ＣＰとＦＣが低いＮ型です。自分の自然な感情を抑えて、他者の気持ちに配慮しようとするＮＰとＡＣの働きが表面に出てくるのが特徴です。ⓐが低いと現実検討の力が弱く、無理をして相手に配慮してしまうため、余計なストレスを抱え込みやすくなります。

④ 自己否定・他者否定のエゴグラム

　このパターンのエゴグラムでは、ＮＰが低く、ＡＣが高いＶ型になります。ＮＰが低いため、他者と親密なかかわりをもちにくく、ＡＣが高いため、自分に対して否定的な態度をとりがちです。そのうえ、ⓐが低いため、現実に即した判断ができずに、自分に対しても他者に対しても、「何をやってもダメ」との思い込みに陥りやすいのが特徴です。また、ＡＣとＣＰが同じ程度に高い場合は、強い葛藤状態に陥りやすく、何かあるとすぐにイライラしたり混乱したりします。

(3) 基本的構えとゲーム

　図6-2は、4つの基本的構えとゲームとの関連を整理したものです。
　ゲームは、基本的に自分に対する否定的な感情から生まれてきます。ゲームを行いがちな人は、相手や周囲の状況を操作することによって、否定的な構えを確認しているのです。また、自己肯定・他者否定の構えのように、一見自分に対して肯定的に見えて、その根底に自己否定感がある場合、他者を否定することによって相対的に自分を肯定しようとする心の働きがゲームを演じさせます。
　一方、自分に対しても他者に対しても肯定的な構えをもっている人は、親密で温か

図6-2 基本的構えとゲーム

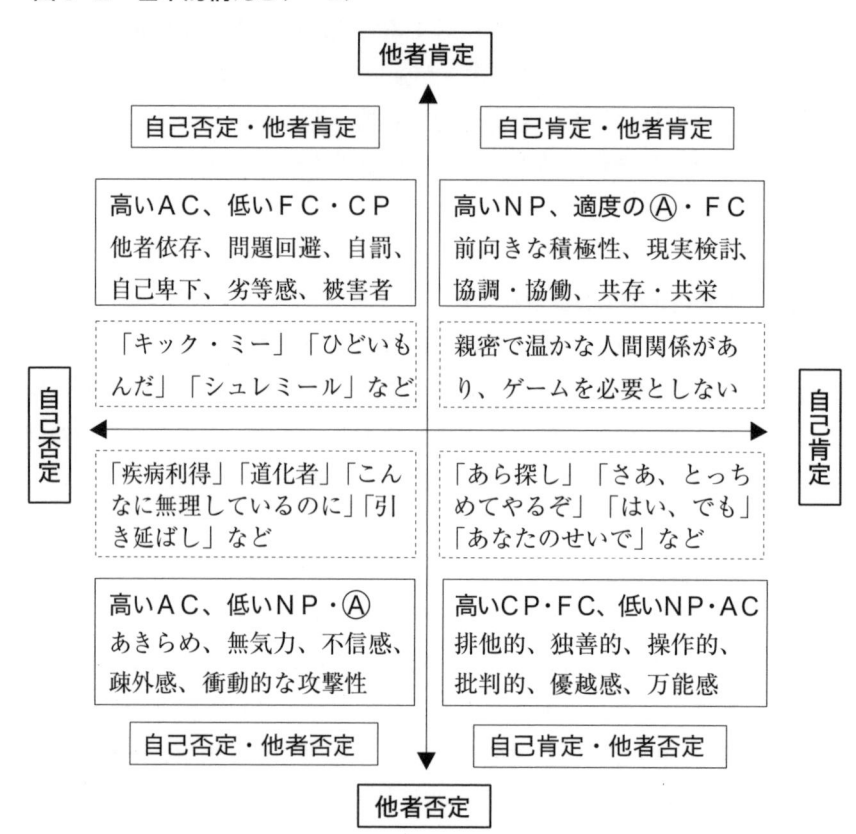

```
                          ↑ 他者肯定
     自己否定・他者肯定        自己肯定・他者肯定

   ┌──────────────────┐   ┌──────────────────┐
   │ 高いAC、低いFC・CP │   │ 高いNP、適度のⒶ・FC │
   │ 他者依存、問題回避、自罰、│   │ 前向きな積極性、現実検討、│
   │ 自己卑下、劣等感、被害者 │   │ 協調・協働、共存・共栄 │
   └──────────────────┘   └──────────────────┘
   ┌╌╌╌╌╌╌╌╌╌╌╌╌╌╌╌╌╌╌┐   ┌╌╌╌╌╌╌╌╌╌╌╌╌╌╌╌╌╌╌┐
   ┊「キック・ミー」「ひどいも┊   ┊親密で温かな人間関係があ┊
   ┊んだ」「シュレミール」など┊   ┊り、ゲームを必要としない┊
   └╌╌╌╌╌╌╌╌╌╌╌╌╌╌╌╌╌╌┘   └╌╌╌╌╌╌╌╌╌╌╌╌╌╌╌╌╌╌┘
自己否定 ←─────────────────────────────→ 自己肯定
   ┌╌╌╌╌╌╌╌╌╌╌╌╌╌╌╌╌╌╌┐   ┌╌╌╌╌╌╌╌╌╌╌╌╌╌╌╌╌╌╌┐
   ┊「疾病利得」「道化者」「こ┊   ┊「あら探し」「さあ、とっち┊
   ┊んなに無理しているのに」「引┊   ┊めてやるぞ」「はい、でも」┊
   ┊き延ばし」など      ┊   ┊「あなたのせいで」など  ┊
   └╌╌╌╌╌╌╌╌╌╌╌╌╌╌╌╌╌╌┘   └╌╌╌╌╌╌╌╌╌╌╌╌╌╌╌╌╌╌┘
   ┌──────────────────┐   ┌──────────────────┐
   │ 高いAC、低いNP・Ⓐ │   │ 高いCP・FC、低いNP・AC │
   │ あきらめ、無気力、不信感、│   │ 排他的、独善的、操作的、│
   │ 疎外感、衝動的な攻撃性 │   │ 批判的、優越感、万能感 │
   └──────────────────┘   └──────────────────┘

     自己否定・他者否定        自己肯定・他者否定
                          ↓ 他者否定
```

な人間関係をもつことができるので、わざわざゲームを行う必要がありません。その点、自他に対する否定的な構えをもっている場合は、それを脱して、できるだけ自己肯定・他者肯定の構えを身につけることができるように促すことが、子どもを支援していく上で重要な視点になると言えます。

紙上ゼミナール9　基本的構えをつかもう

次の①～⑤の態度はどのような基本的構えに基づくものでしょうか。ア～エの中からそれぞれ1つずつ選んでください。

　ア　自己肯定・他者肯定　　イ　自己肯定・他者否定
　ウ　自己否定・他者肯定　　エ　自己否定・他者否定

① 今回のテストでは、いつもより一生懸命がんばったのに成績が上がらなかった。きっとあの先生の教え方が悪いんだ。
② 先生は努力することが大事と言うけど、いくら努力したって何も変わらないよ。やるだけムダだ。
③ 今度の大会でいい成績を残せたのは、自分の努力だけでできたことでは

なく、他の部員のがんばりや顧問の先生の適切なアドバイスがあったからだ。
　④　今回のテストもダメだった。また、親に怒られる。いくらがんばっても、どうせ僕は親の期待に応えることはできないよ。
　⑤　前回の試合で敗れたのは、後輩のミスが大きかったからだ。彼らが力をつけないと、次回の試合も勝てないよ。

【紙上ゼミナール9】の解説

　自分よりも相手を批判しているのは、①と⑤。相手よりも自分に対して否定的な態度をとっているのは④。③は、自分だけでなく相手についても肯定的です。②については、先生の助言も自分自身の努力も否定しています。

【紙上ゼミナール9】の解答例

　①　イ　　②　エ　　③　ア　　④　ウ　　⑤　イ

3　人生脚本が形成される過程

(1) 3つの人生脚本

　人生脚本には、主に「勝者」「敗者」「非勝者」の3つの脚本があると考えられています。
　「勝者」とは、人生の目標を自分で決め、たとえ失敗をしても責任をもって対応し、目標に向かって全力を尽くし、行動しようとする人です。過去にとらわれずに、「今、ここ」を生きている人と言えます。一方、「敗者」とは、自分自身の目標を決められなかったり、また、自分の目標に至る過程で失敗を繰り返したり問題を回避したりして、結局は自分の目標を達成することができない人です。過去の経験にとらわれたり、将来起きることを予測して不安になったりして、「今、ここ」を生きることが難しい人です。
　「非勝者」の人生脚本を生きている人は、何事につけても皆と同じレベルに達すると満足し、目立たず、トラブルを起こすこともありません。その代わり、自分の能力を生かすこともなく、その人がもっている本来の可能性を十分に発揮することができません。
　こうした3つの脚本の中では、やはり「勝者」の人生脚本を生きることが理想でしょう。しかし、そうとわかっていながら、「非勝者」や「敗者」の人生脚本を生きる人が多くいます。それはなぜでしょうか。その理由を、人生脚本がつくられていく過程

をたどりながら考えてみましょう。

(2) 禁止令

「敗者」や「非勝者」の脚本が形成される過程で大きな影響力をもつのが、表6-1のような「禁止令」というメッセージです。これは、親が子どもに与える命令のうち、「……するな」という形で伝わる、不合理で否定的なメッセージであり、主に親のⒸの部分から発せられます。

私たちの心の中には、大人になっても自分がまだ子どもであったときに自分の親から伝えられたメッセージが根強く残っています。それが肯定的なメッセージであれば、その後の人生において大きな支えになることでしょう。しかし、それが否定的なメッセージであれば、人生のさまざまな局面で障害となって現れてきます。

たとえば、何かの失敗をしたときに、「また失敗したね」「おまえは何をやってもダメな子だねえ」といったメッセージを親から受け続け、それを修正できないでいると、大人になっても一度の失敗でひどく落ち込んだり、人のちょっとした失敗を厳しく責めたりするようになります。

「失敗は成功の母」という格言がありますが、自分の子どもが何かの失敗をしたときには、その親は、自分のⓅの部分から「次はがんばろうね」と返したり、Ⓐの部分から「どうして失敗したか考えてみよう」と返したりすることも可能です。こうしたⓅやⒶからのメッセージであれば、子どもは失敗から何かを学んでいくこともできるでしょう。

しかし、自分の親からの否定的なメッセージが、未解決のままⒸの部分に残っている人は、自分の子どもの失敗に対しても「おまえは何をやってもダメだ」といった否定的な反応をしがちです。すると、親からこうした反応を受け続けた子どもは、また必要以上に失敗を恐れたり、人の失敗を厳しく責めたりする大人になる可能性があるのです。

つまり、人生の脚本を考えていくときは、親と子といった二世代の問題だけでなく、三世代、四世代の問題がその背景にあるということを考えておく必要があります。

(3) ドライバー（禁止令へと誘う言動）

禁止令は、表面上は「しつけ」のかたちをとることが多いようです。

親は、人生を生きるにあたって何らかの価値観や信念をもっており、子育ての過程で、それを自分のⓅの部分から子どもに伝えようとします。一方、子どものほうは、必ずしも親の思いどおりに応えてくれるわけではありません。そこで、親は、知らぬ間に自分のⒸの部分から、つい声を荒げて怒ったり、子どもを否定することを言ってしまったりすることがあります。すると、Ⓐの部分がまだ十分に育っていない子ども

表6-1　禁止令と幼児決断との関連

禁止令	内容	幼児決断の例
「存在するな」	「おまえがいなかったらよかったのに」などといった、子どもの存在の拒絶や無視。虐待。	「私なんかいないほうがいいんだ」「がんばって私の存在を認めてもらおう。でも、いざとなったら自分から退くべきだ」
「……するな」	「川に近づく(すると危険だからする)な」「外に出てはいけません」など、子どもの自由な行動を理不尽に禁止すること。	「言うことを聞かないと、とんでもないことになる」「自分では決められない」「誰か私のために決めてくれる人が必要だ」
「成長するな」	子どもが自立をして親のもとから離れていくことを拒み、手をかけすぎる。末っ子がこうしたメッセージをもらいやすい。	「周りが全部してくれるから、自分は何もしないほうがいい」「自分が無力でいれば、親は喜んで手をかけてくれる」
「子どもであるな」	親が配偶者の死や不在によって「おまえだけが頼りだ」という態度を示したり、年長の子が弟妹の世話を任されたりする。	「一刻も早く大人になって、親の相談相手になろう」「お父さん(お母さん)の代わりになろう」
「男(女)の子であるな」「自分であるな」	「おまえが男(女)だったらよかったのに」と、親が望む性とは違う性で生まれた子どもに対して与えられる。	「親が(男)女であることを望むなら、私は男(女)らしく生きよう」「私が女だからといって男になど負けない」
「どこにも所属するな」	「他の子とは違う」「この子は扱いにくい」と子どもを排除したり、親自身が社会や集団に適応できない態度を示したりする。	「どこにも所属しない」「どんなグループにも入らない」「自分はどこにも所属しないから、誰からも愛されない」
「近づくな」「信用するな」	子どもとの身体接触や親密な交流を拒否する親の態度。親の不和。親が急にいなくなったり死んでしまったりした喪失体験。	「親密になると嫌われる」「下手に信用すると裏切られて見捨てられる」「親密な関係は長続きしないから避けよう」
「成功するな」	子どもを手助けし、いつまでも親の保護下に置きたがる。子どもが失敗する過程を見守れず、親がすぐに手助けをしてしまう。	「結局、私は何事も最後まで頑張ってできない」「中途半端で投げ出してもいいんだ」「私がやることは、きっと失敗する」
「重要な存在であるな」	「子どものくせに」と家庭で重要な役割を与えられなかったり、努力が低く評価されたり否定されたりする中で強化されていく。	「他人に尽くして満足されるように努めよう」「自分は目立たないようにしよう」「自分は人の先に立たず人の後につこう」
「(自然に)感じるな」	子どもが喜怒哀楽の感情を表したときに、親が不機嫌になったり子どもを責めたりすることがたびたびある。	「何か感じても、それを表現することはいけないことだ」「私が怒ると、ひどいことになる」「(男は)決して泣いてはいけない」
「考えるな」	想定外のことがあると、すぐにパニックになる親の態度。子どもの考え自体が軽視され、親の考えへの同意を強制される。	「いざとなったら考えてはいけない」「難しいことは考えてはいけない」「じっくり考えてもしかたない」
「健康であるな」「正気であるな」	子どもが病気のときは熱心に世話をするが、健康なときは無視をする親の態度。子どもの問題行動によって、親の不和が一時的に解消されることがたびたびある。	「私は正常ではない」「病気であれば大事にしてくれる」「私が病気になれば、両親は仲良くしてくれる」

は、親のⓅからのメッセージよりもⒸからの否定的なメッセージに反応しやすいため、自己否定的な受け止め方をしてしまいがちです。

たとえば、親が子どもに対して、「早く……しなさい！」「まだ……してないの？」といった言葉がけを次々にしていると、子どもは「ボクはあれこれ考えずに、親の言うとおりに従うしかないんだ」といった依存心や、「私は自分では何もできないんだ」といった無力感を抱く可能性があります。

子どもを禁止令へと駆り立てる役割をする、表6-2のようなメッセージを、「ドライバー（誘因）」と呼びます。

表6-2　5つのドライバーと禁止令とのつながり

ドライバー	内　　容	禁止令とのつながり
急げ！	「早くご飯を食べて！」「すぐに勉強を始めて！」などと次々に命令し、追い立てる。	「考えるな」「成功するな」など。
完全であれ！	子どものちょっとしたミスを責めたり、子どもの努力に満足しなかったりする。	「成功するな」「（自然に）感じるな」など。
もっと努力しろ！	「今のままではだめだ」「これだけしかできていないのか」と努力不足を指摘する。	「（自然に）感じるな」「考えるな」「自分であるな」「成功するな」など。
他人を喜ばせろ！	自分のことは二の次にさせ、自分の感情を表に出すことや楽しむことを否定する。	「（自然に）感じるな」「子どもであるな」「重要な存在であるな」など。
強くあれ！	「弱音を吐くな」「感情を表に出すな」などと他者に弱みを見せないように強要する。	「（自然に）感じるな」「近づくな」「子どもであるな」など。

(4) 幼児決断

ドライバーや禁止令といったメッセージも、子どもがそれを受け入れさえしなければ影響力をもちません。なぜ子どもは、こうした不都合で理不尽なメッセージを受け入れてしまうのでしょうか。

幼い子どもはⒶの部分がまだ十分に育っておらず、Ⓒの部分が中心となって周囲の状況に対応しています。そのため、客観的な思考力・判断力が発揮されず、ちょっとしたことを大げさにとらえたり、取り返しがつかないことに感じたりしがちです。また、親の愛情を失うことを恐れるあまり、たとえそれが理不尽な要求であっても、自分のⒸからの素直な欲求を犠牲にしても親の要求に適応しようと努力する面があります。このように、幼い子どもが周囲の状況に適応するために、その時点でのⒶを最大限に発揮して成した決断を幼児決断と言います。

大人であれば、さまざまな選択肢を試しながら、自分の現実に合ったやり方を選ぶことが可能です。しかし、子どもの場合はそうした合理的な判断ができません。こうして、人生の脚本づくりは、周囲の状況や親からの要求に対する、合理的な判断を欠

いた感情的な反応としてスタートするのです。

(5) 子どもが幼児決断を行う過程

　先ほど紹介した表6-1を、もう一度ご覧ください。これは親からの禁止令を受けて、子どもがどのような決断をするか、禁止令と幼児決断との関連について整理したものです。
　たとえば、努力すれば成功できるのに低い目標ばかり追ってしまって、なかなか能力を発揮できない子どもがいたとします。そうした子どもの生き方は、どういった過程を経てできあがってきたのでしょう。
　脚本分析においては、どのようにしてこの子どもが決断し、その生き方をつくりあげてきたかは、「禁止令」「ドライバー」「幼児決断」という3つの概念をもとに考えます。図6-3をご覧ください。
　親が自分の Ⓟ の部分から子どもに対して「もっと努力しろ」と励ます一方で、自分の Ⓒ の部分から子どもの努力を認めず、否定的な言動ばかり繰り返していたとします。やがて、その子どもが、自分の努力を認めない親の態度を「重要な存在であるな」「存在するな」といった禁止令として感じとるようになると、彼は「自分は努力してもダメなつまらない人間だから、人の先に立たず人の後につこう」といった決断をするようになります。
　そして、その決断は、どこかで修正されないと、児童期、思春期を通して次第に強化されていきます。たとえ成功経験があったとしても、「あれは偶然だ。次はうまくいくはずがない」などと否定的に考えてしまい、肯定的な自己評価にはつながりません。逆に、何か失敗をしたときには「やっぱり私はダメなんだ」と、否定的な自己評価ばかりが取り入れられていくのです。こうした判断を繰り返していると、無難な選択ばかりして自分を高めようと努力しない生き方が身についてくるのです。
　このように、ドライバーと禁止令は、表裏一体のメッセージとして子どもの Ⓒ の部分に記憶され、人生脚本として機能するようになります。さらに、こうした Ⓒ の部分が修正されないまま大人になっていくと、自分の子どもに対しても自分の親と同じような態度で接するようになるのです。
　もちろん、一人の人間の生き方ができあがっていく過程にはさまざまな要因がかか

図6-3　幼児決断の過程

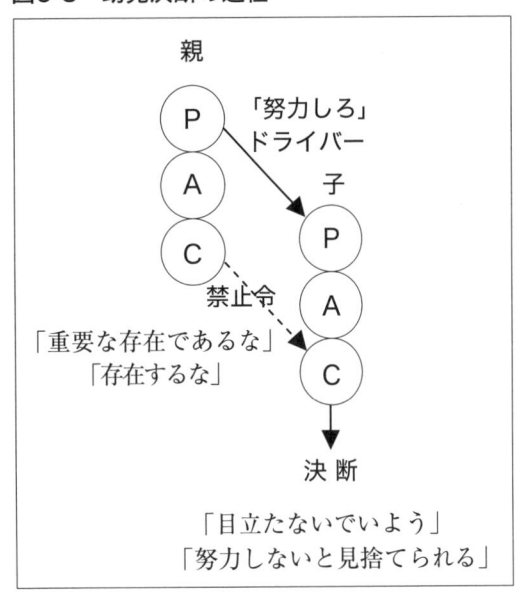

わってきます。このように単純化して考えることはできない部分もあります。しかし、このような考え方は、自分の生き方を変えていこうとするとき、それまでの生き方を振り返ってとらえ直し、修正の仕方を検討していくための重要な視点となります。

紙上ゼミナール10　言動の背後に潜む禁止令・ドライバーを見つけよう

　雄太くんは、進路選択を行うときに担任の教師にアドバイスを求めます。しかし、担任が資料を提供したり進路先を紹介したりしても、結局はあれこれと理由をつけて断ります。「自分で考えなさい」と突き放すとすねてしまって、「先生は僕のことを親身になって見てくれない」と文句を言ってきます。口ではいろいろと前向きなことを言いますが、実際にとりかかろうとすると、なかなか具体的な行動に結びつかないことが多くあります。進路決定についても、時間だけが経過してなかなか具体的に話が進みません。雄太くんの親も「早く決めなさい」と言うわりに、雄太くんと一緒になって担任のアドバイスにあれこれと注文をつけてきます。

　こうした雄太くんと親の言動の背後にどのような禁止令とドライバーがあるか、表6-1と表6-2を参考にして考えてください。

禁　止　令　[　　　　　　　　　　　　　　　]
ドライバー　[　　　　　　　　　　　　　　　]

【紙上ゼミナール10】の解説

　雄太くんは、口では前向きなことを言いますが、担任に依存しており、自分から何かをするということがありません。親も急かしながらも、結局はあれこれと介入してきて、子どもが自立していくのを結果的に阻害しています。突き放してみても、雄太くんは自分からは何もしないので、周囲が不安になって我慢しきれずに介入してしまうことの繰り返しです。

　あれこれと子どもの世話を焼いて、「この子は私がいないと本当に何もできないんですよ」と言うことの多い親の態度を見て育った子どもは、「成長するな」といった禁止令を受け取りやすくなります。その一方で、「すぐに……しなさい」といった命令口調で子どもに接していると、子どもは誰かに言われなければ自分では何もしないようになってしまいがちです。

　そうした過程で、子どもは「親から離れていかなければ、いつまでも親は自分のことをかまってくれる」という思いを強くしていきます。そして、やがて子どもは自分からは自立の試みをしなくなったり、自立の試みをするたびに失敗を繰り返したりして、また親に対して依存するようになるのです。

【紙上ゼミナール10】の解答例

禁止令［成長するな］　　ドライバー［急げ！］

4　人生脚本とどのように向き合っていくか

　それでは、人生脚本とどのようにかかわっていけばいいのでしょうか。子どもの脚本に焦点を当ててかかわっていく場合は、次の3つの点について考えていくことが必要です。

(1) 言動の背後に潜む禁止令やドライバーの存在に気づく

　子どもが幼いときに、どのような決断をしてきたのかを検討するためには、まず、子ども自身が自分の言動を振り返って、自分の好ましくない言動の背景にある禁止令やドライバーの存在に気づくことが必要です。子どもが自分の幼かったころのことを思い出しながら整理できるようにじっくりと話を聴きながら、「誰がそう考えたの？」「その言葉は誰が言った言葉？」「そのときあなたはどう感じたの？」と、親の考えや感情と子どもの考えや感情とを区別するよう促します。その上で、親の期待や要求が現実に即していなかったり自分にとって重荷に感じられるものであったりする場合は、それから自由になってもよいと、自分自身に許すことができるように促します。

　また、子どもの話を直接聴くようなかかわりがもてない場合は、表6-1、表6-2などの資料を参考にして、子どもや親の日ごろの言動から、その背後にどのような禁止令やドライバーが潜んでいるか検討し、子どもがそれらを強化していかないためにはどのようなかかわり方を心がければいいかを検討します。

(2) プラスのストロークによるかかわりを心がける

　私たちが他者とのかかわりの中で、互いの存在を認めてそれを伝えることを「ストローク」と言います（詳しくは第5章をご覧ください）。

　私たちはストロークがない状況には耐えられず、何らかのストロークを求め続けています。基本的にプラスのストロークを求めるのですが、それが不足する場合は、「何もないよりはまし」とマイナスのストロークを求めるようになります。たとえば、親の愛情が足りないと感じている子どもは、たとえ怒られても親が自分に向き合ってくれるような言動をとりがちです。

　また、「条件付きストローク」は、子どもの社会化には必要なものですが、これしか与えられていない子どもは、「自分はプラスのストロークには値しない人間なんだ」と感じるようになります。そのため、その「条件」が外れたときに、困難な状況にな

ります。たとえば、学校の成績がよいという条件によって親からのストロークを得ていると感じている子どもは、成績が落ちると混乱したり無気力に陥ったりしがちです。

　禁止令やドライバーによって動かされている子どもは、プラスのストロークよりも、こうしたマイナスのストロークに反応したり、条件付きストロークにこだわったりします。

　子どもからのマイナスのストロークに対しては、こちらがⒶを意識して対応することを心がけます。たとえば、「あなたにはそう見えるんだね」「なるほどそうかもしれない。では、どこがおかしいんだろうか」「あなたはそう感じるんだね。では、私にはどうしてほしいんだろう」といった応答です。

　マイナスのストロークに対してマイナスのストロークで返すと、ゲームに移行し、子どもは自分の否定的な脚本をいっそう強固なものにしていきます。目の前の子どもの現状に応じて、どのような応答をすればマイナスのストロークのやりとりを抑えることができるか、具体的な応答の仕方を検討しておくことです。

　また、条件付きストロークに偏りがちな人間関係の場合は、条件が達成されないときにマイナスのストロークを与えるのではなく、条件の有無にかかわらずプラスのストロークを与える継続した取り組みが必要です。そのためには、どのような条件に対して子どもが反応するか、その特徴を整理しておきましょう。

　ただ、マイナスのストロークを受け続けた子どもは、こちらがかかわりを変えると、最初のうちは本当に肯定的に思っていてくれるのかどうかを確かめようとして、さまざまな試し行動をしてくることがあります。そうした言動や態度の背景には、期待と同時に、「また期待が裏切られるんじゃないか」という根強い不安があります。かかわり方を変える場合には、試し行動まで視野に入れた取り組みが必要です。

　プラスのストロークが不足した場合は、子どもが自分でそれを補うことができる方法を身につけるように支援することも必要です。たとえば、ＮＰの部分を意識して今までの自分の中での成功体験や人にほめられた経験をリストアップしたり、自分で自分をいたわるプログラムをつくったりしてみることも１つの手段です。否定的に感じられる出来事に対するとらえ方を変えることを「リフレーミング」と言いますが、子どもの自分に対するとらえ方を一緒に検討し直すのもいい取り組みだと思います。

(3) 教師自身がどのような禁止令やドライバーを抱えているか検討する

　人は他者との関係性の中で変わっていきます。子どもにかかわる教師自身が自分の言動の背後にある禁止令やドライバーへの気づきを欠いている場合は、「あなたを何とかしてあげたいだけなのだ」（表5-3　79ページ参照）といったゲームをすることになってしまいます。そしてそれは、結果的に子どもの人生脚本を強化していくことにもなるのです。

　私たちは自分への気づきを通して他者のあり方に気づくことができます。子どもと

のかかわりの中で子どもの人生脚本について検討していく前には、まず教師自身が自分の人生脚本を意識し、それに対する気づきを積み重ねていくことが必要です。

教師が脚本分析を学んでいくことの意義は、子どもへの支援に生かすだけでなく、教師自身が自分の人生脚本の存在に気づき、その中に何らかの問題を自覚するならば、その脚本を修正していこうと努力していくところにあります。自分の人生に対して主体的で自律的であろうとする態度が、子どもとのかかわりにも肯定的に反映されてくるのです。

5　キャリア教育と交流分析

2008年、2009年に相次いで公示された新学習指導要領においては、それぞれの学校段階に応じて、今まで以上にキャリア教育を中心とした進路面への支援の重要性が提起されています。

『キャリア教育推進の手引』（文部科学省、2006）によると、キャリア教育は、「児童生徒一人一人のキャリア発達を支援し、それぞれにふさわしいキャリアを形成していくために必要な意欲・態度や能力を育てる教育」、端的には「児童生徒一人一人の勤労観、職業観を育てる教育」と定義されています。その意義については、「キャリアが子どもたちの発達段階やその発達課題の達成と深くかかわりながら段階を追って発達していくことを踏まえ、子どもたちの全人的な成長・発達を促す視点に立った取組を積極的に進めること」に求めています。

ここで言う「キャリア」とは、「自己と働くこととの関係付けや価値付けの累積」であり、「働くこと」とは、職業に限らず、私たち一人一人が「すべての生活の中で経験する様々な立場や役割を遂行する活動」と定義されています。つまり、学校における進路支援は、将来的に職業選択を促すことだけでなく、子どもたち一人一人が自分を取り巻く社会と折り合いをつけながら自分の役割を果たし、自分の人生を方向付け、価値付けしていくことにつながっていくということです。

適切な進路選択のためには、確かに表3-2（49ページ参照）に例示したような、「人間関係形成能力」「情報活用能力」「将来設計能力」「意思決定能力」といった能力を育てていくことが必要です。しかし、それ以前の問題として、自他に対する肯定的な態度、自分が生きていこうとする人生に対する肯定的な態度の有無が重要なのではないでしょうか。そうした肯定的態度を育てていくカギが、交流分析の理論や技法の中にあるのです。

実際、私はこれまでの子どもたちとのかかわりの中で、交流分析の理論や技法を進路支援に生かしてきました。それは第3章で取り上げた、進路選択に向けたエゴグラムの活用法だけに限ったことではなく、進路選択以前の問題として、日常の子どもたちとのかかわりの中で生じてくる交流やゲームへの対応も進路支援の中に含まれています。

また、基本的構えの考え方は、自他の関係性だけでなく、自分を取り巻く世界との関係について調整していくための視点になります。特に、進路選択をするときには、それぞれのもつ脚本が大きく影響しており、人生の分岐点においてその選択を左右してきます。たとえば、肯定的で自律的な脚本をもっている人は、周囲の人と協調して物事に当たることができるし、進路選択過程での課題や葛藤に積極的に取り組むことができます。一方、否定的で他律的な脚本をもっている人は、それが修正できていないままだと、前向きな将来設計ができなかったり直面する課題や葛藤を回避したりしがちです。

　『キャリア教育推進の手引』の中では、キャリア教育の必要性は、「子どもたちが『生きる力』を身に付け、社会の激しい変化に流されることなく、それぞれが直面するであろう様々な課題に柔軟にかつたくましく対応し、社会人・職業人として自立していくことができるようにする教育の推進が強く求められている」点にあると指摘されています。この「生きる力」を育てていくための理論や技法として、交流分析は有効なのです。

第6章 コラム 人生早期の決断をやり直す
再決断療法

　個々の心理療法は、それぞれが1つの人生観や人間観、ひいては世界観を表しています。私が交流分析を学んでいく過程で魅力を感じたのが、脚本分析の中の「再決断」という考え方です。

　再決断とは、「幼児期につくった自分の決断に基づいて構成された人生のパターンの束縛から脱出して、より自由で創造的な生き方をするために、Ⓒの自我状態に戻って人生脚本を書き換えていく」という心理療法の過程を指します。

　再決断療法を唱えたグールディング夫妻は、「禁止令の多くのものは、実際には子どもに与えられなかった」ものであり、子どもが「空想したり、発明したり」して「自分自身に自分で禁止令を与えていることもある」と説いています。つまり、子どものときの決断は、子ども自身が下したものであるならば、もう一度自分自身がその決断を選び直すことができると考えたのです。

　この再決断について考えるとき、ある女子生徒のことを思い出します。

　彼女は、問題行動で指導されることの多い子どもでした。教育相談係として彼女に面接を続けていた筆者は、彼女の行動に一定のパターンがあることに気づきました。彼女は言動が少し落ち着いてきて前向きな気持ちが表面に出てくるようになったかと思うと、再び問題行動を起こし、それを繰り返すのです。彼女の生き方からは、まるで現実に適応した生き方をすることになじもうとせず、あえてそれを否定しているような感じを受けました。そして、時には「あなたも結局、私をつまらない人間だと否定するんでしょ」と、こちらが試されているような気になることもありました。

　そうした彼女の言動に対応しながら話を聴いていくうちに、やがて彼女は幼いころの記憶を語るようになりました。

　彼女が幼いころ、両親の関係がうまくいかなかったらしく、よく泣いていた母親の姿を彼女は覚えていました。その姿を見ながら、彼女は「早く大人になってお母さんを支えよう」と心に決めたと言います。実際、彼女は小学校段階までは、手のかからない、親の

相談相手にもなるような子どもだったようです。

ところが、中学入学後の人間関係のトラブルがきっかけになって、彼女は問題行動を繰り返すようになります。それとともに母親からも責められることが多くなり、自分でもどうしていいのかわからなくなっていったと言います。自らを突き放したように話す彼女の心の核の部分では、自分自身に対する理不尽な罪悪感が凝り固まっているように思えました。

幼いときから彼女は、親からのメッセージをさまざまな禁止令として受け取り、自分の人生脚本をつくってきたのでしょう。こうした禁止令が彼女の人生の節目節目で、影を落としてきたと思われます。

しかし、その後の彼女は、周囲の人とのかかわりの中で、時間をかけながら「自分は自分でいいんだ」という感覚を少しずつもつことができるようになり、問題を抱えながらも卒業していきました。卒業後は、気長に見守ってくれる人にも恵まれて、人に頼り、人から支えられる関係性の中で、次第に落ち着いた生活をすることができるようになっていきました。

人が変わっていくということは、必ずしもいいことばかりではありません。変わるということは、それまでの世界から出て新しい世界に身を置くことです。もとの世界がどんなに不適切なものであっても、その人がそれまでなじんできた予測可能な世界を壊していくことには、大きな不安や混乱を伴います。変わることに失敗すると、「やっぱり私はこうなんだ」と、もとの世界にいっそうしがみつくことにもなりかねません。

彼女自身もそうした不安や混乱を経験しながらも、信頼できる大人との出会いを通して、子どものときの理不尽な決断を見直して、その決断を少しずつ修正しながら変わっていくことができたのではないかと思います。

「自分の決断を再びやり直すことで、自分の脚本を修正できる」という再決断療法の考え方からは、人生の岐路に立つさまざまな子どもたちとかかわっていくときに、多くの示唆をもらうことができます。

ただ、再決断が必要な局面は、対象となる子どもだけでなく、子どもにかかわろうとする教師自身の人生においても数多く存在します。むしろ、かかわろうとする教師自身が、自分の人生を主体的に選び直そうとする自覚や経験をもっていることが、子どものかかわりにも肯定的な影響をもってくるのではないかと思います。そのためには、まず、自分自身の人生脚本の存在に気づき、それを意識化していく作業が出発点になるのです。

第7章

教育プログラムに交流分析を生かす

　学校における教育相談は、問題を抱えた子どもを対象とした「治す」面だけでなく、すべての生徒を対象とした「育てる」面へのアプローチが求められています。また、すべての子どもを対象として、その発達を支援していくためには、問題を抱えた個別の子どもに対する指導だけでなく、クラスなどの集団を対象としたアプローチが必要となります。

　その点、交流分析の理論や技法は、教材として資料化しやすい上に、主に子どもの認知や行動を扱うために心理的抵抗を招きにくいので、集団を対象とした授業場面にも十分活用できます。

　ここでは、交流分析の理論と技法を生かした「心理教育プログラム」の作成と実践について紹介します。

1　心理教育プログラム実施の目的を明確にする

　心理教育プログラムと言う以上、その実践は明確な目的を備えており、手続きや順序があることが前提です。まず、交流分析を用いた心理教育プログラムの目的としては、表7-1のように、次の4点が考えられます。

表7-1　交流分析を用いた教育プログラムの実施目的と内容と過程

実施目的		内容	教育プログラムの実施の過程			
			自他への気づき	問題の発見	行動課題の検討	課題実践と評価
自己理解	キャリア教育プログラム	エゴグラム	エゴグラムパターンと自我状態の高低の特徴をつかむ。	理想とするエゴグラムを作成し、伸ばしたい自我状態を特定する。	それぞれの自我状態を伸ばすための具体的な行動課題を検討する。	実際にどの程度行動課題を実践できたか、問題に対応できたか、問題の設定が適当であったか、行動課題に無理がなかったか、などについて評価し、必要に応じて行動課題を見直して、検討する。
関係性についての理解	人間関係の問題の理解と解決スキル	交流パターン分析	自他の自我状態の特徴をつかみ、相互の交流を、交流パターンとして図式化する。	裏面交流の存在に注意して、どの場面の交流がこじれがちか検討する。	適切な交流パターンを想定して現状と比べ、どの自我状態から反応したらいいか検討する。	
		ゲーム分析	こじれがちな交流について、交流パターンとして検討できるように図式化する。	ゲーム交流が潜在していないか検討し、ゲームのパターンを特定する。	Ⓐの部分を発揮して、ゲームの回避の仕方、ゲーム交流の切り方について検討する。	

① 自己理解・自他への気づきを促す

　自己理解のプログラムは、他のプログラムを学んでいくための基礎となります。ここでは、主にエゴグラムを用いて、自己理解や自他への気づきを促します。

　自己理解の機会をより意味あるものにするためには、何のために自己理解が必要か、あるいは自己理解を何につなげるか、といったように、どのような文脈の中に位置づけていくのかという視点が必要です。

　たとえば、認知行動療法の考え方を取り入れることによって、エゴグラムの理解を通して、さまざまな事象に対する自分のとらえ方の特徴に気づき、適切な言動をとるためにはどのようなとらえ方を心がければいいか検討することもできます。（「第2章コラム」38ページ参照）

② 関係性についての理解を促す

　私たちは、人間関係に行き詰まると、ついつい相手を変えようと悪戦苦闘したり、いつまでも変わらない相手にぐちを言ったりしがちです。ところが、相手の態度を変えようと思うならば、相手だけでなく「こちら」のかかわり方やあり方をも含めて、自分と相手との関係性を変えていくことが必要になります。ここでは、交流パターン分析を中心に、自分が他者にどう対応しているか、他者は自分にどうかかわってくるかについて観察する方法を学び、適切なコミュニケーションの必要性を伝えます。

　このプログラムは、ソーシャルスキル・トレーニングやアサーション・トレーニングなどのコミュニケーションスキルの学習と関連させて実施することもできます。

③ 特定の問題（いじめなど人間関係のトラブル）の背景に気づき、問題解決スキルを身につける

人間関係のトラブルの裏面には、ゲームの働きが潜在しています。ここではゲーム分析の理論と技法を中心に、主に相手から挑発してくるゲームに乗らないような事前策や、ゲームに巻き込まれた場合の対応策について学習するとともに、自分自身がゲームを演じないコミュニケーションを身につけることを目的とします。

ゲーム分析の内容について実施するためには、前記の①②のプログラムの内容の理解が必要であり、継続的な取り組みが必要になります。ですからゲーム分析を心理教育プログラムに取り入れるときには、動機づけをしっかり行っておく必要があります。

④ 進路選択・決定に向けての行動課題を検討するキャリア教育プログラム

適切な進路選択・決定を行うためには、進路情報の収集と活用、進路計画の設定といった現実検討だけでなく、選択・決定に伴う葛藤を克服し適切な意思決定を行う力や、周囲の人の理解・協力を得ていく人間関係調整能力などが必要とされます。こうした進路選択・決定過程における行動課題を検討するときに、交流分析の理論と技法が活用できます。

2　交流分析を生かした教育プログラムの展開例

表7-2は、筆者が自己理解を目的に作成・実施している教育プログラムの展開例です。このプログラムには、子ども集団を対象とした「授業プログラム」と、特定の子どもを対象とした「カウンセリングプログラム」があります。ともに次のような5つの過程を基本にして展開していきます。

なお、その際に使用する配付資料が、配付資料1「エゴグラムから自分を見つめ直そう」と、配付資料2「エゴグラムをもとに、これからの自分を考えよう」です（122～127ページ参照）。

① 実施目的の明確化

プログラム実施の目的を参加者に提示します。クラス集団が対象となる場合は、取り上げる内容がクラスの実態とどう結びついているのか、事前アンケートを実施して集計したプリントを配付し、動機づけを図ることもあります。

② 自他への気づき

交流分析の理論や技法を用いて、自分の状態への気づきを促します。自分への気づきを踏まえた上で、相手の状態をどう見ていけばいいか考えます。

③ 問題の発見

自他への気づきをもとにして、今後改善すべき点はないか、こうしたらもっとよくなると思える点はないか検討します。問題の設定が適当でないと、その問題を解決するための行動課題の設定もうまくいきません。子ども自身が現状に対して問題を感じていない場合も少なくありません。その点、この段階は、教育プログラムが有効なものになるかどうかを決定する重要な段階と言えます。

④ 行動課題の検討

問題解決に向かうためには、どのような言動を心がければいいか、行動課題を検討します。行動課題の設定にあたっては、対象となる子どもが実行可能な内容になるように、子どもの実態に合わせます。また、具体的な行動場面を想定して、場合に応じてロールプレイなどの実技演習を取り入れます。

この段階は、子どもと教師との間の、一種の「契約」にあたると考えています。

⑤ 行動課題の評価と見直し

実際にどの程度行動課題を実践できたか、設定した問題に対応できたか、問題の設定が適当であったか、行動課題に無理がなかったか、などについて評価し、必要に応

表7-2 エゴグラムを用いた「授業プログラム」と「カウンセリングプログラム」の展開例

展開	授業プログラムとしての活用	カウンセリングプログラムとしての活用
実施目的の明確化	必要に応じて資料を配布し、自分を理解することの意義や目的について説明する。事前調査を行って導入に用いると効果的である。	面談の最初で、来談者がエゴグラムに取り組もうとした動機や目的について質問し、プログラムに参加する目的を確認する。
自他への気づき	エゴグラムを実施し、思春期一般のエゴグラムや希望者のエゴグラムを例にあげながら、分析のポイントについて配布資料1で説明し、子どもが自己分析できるようにする。	エゴグラムを実施し、配布資料1をもとに、来談者のエゴグラムの特徴について説明する。その際、来談者自身が思い当たる点や違和感をもつ点がないか確認しながら進める。
問題の発見	理想のエゴグラムを書かせ、自分が伸ばしたい自我状態を特定させる。現状のままでよいとする子どもについては、現状で気をつければいいと思われる点がないか検討させる。	自分のエゴグラムの中で伸ばしたいところや抑えたいところはないか検討し、特定する。現状のままでよいとする来談者については、今後気をつける点がないか検討する。
行動課題の検討	配布資料2をもとに、特定した自我状態を伸ばすためにはどのような言動を心がければいいか、どのような言動が行動課題の達成を妨げるか検討し、箇条書きにする。	配布資料2をもとに、特定した自我状態を伸ばしたり抑えたりするには、どのような言動を心がければよいか検討し、具体的な行動課題を資料に書き込ませる。
行動課題の評価と見直し	自分で設定した行動課題を封筒に入れてのりづけをする。1～6か月後に開封して、各自の行動課題がどの程度達成されていたか自己評価するとともに、その時点での問題と行動課題について再検討する。	次回の面談日を予約し、後日面談を行う。その際、行動課題がどの程度達成されていたか、行動課題は適切であったか評価するとともに、その時点での問題と行動課題について再検討する。

じて問題の設定や行動課題の見直しを検討します。

3 交流分析を生かした教員研修プログラム

(1) 交流分析を教育研修に取り入れる目的

　筆者は、長年、高等学校の教育相談担当者として校内での研修会を企画・実施してきました。校内研修会の企画・実施に当たっては、①参加者のニーズに合ったものであること、②理論・技法の枠組みが明確であること、③演習を取り入れやすい内容であること、④参加者にとって身近な事例を取り上げること、⑤講義だけでなくグループワークによる相互交渉を用いることといった点を念頭に置いてきました。
　これらの点について考えると、交流分析は、校内研修会の研修プログラムとして有効な理論・技法の1つだと思います。また、子ども理解に「関係性の理解」という視点を持ち込むことができるという点も、交流分析の理論・技法を取り入れる動機の1つになっています。

(2) 児童生徒理解から関係性の理解へ

　教育相談の校内研修会というと、「児童生徒理解」を主題とするものが多くあります。ところが、「児童生徒」という語は、「教師」の対役割としての役割を表した用語にすぎません。「児童生徒理解」という用語を自明のものとして用いるとき、「理解される客体」としての「児童生徒」を理解することに気をとられて、「児童生徒を理解する主体」としての、自分（教師）自身についての理解がおろそかになりがちではないかと思います。
　子どもを社会的な文脈で考察しようとすることは可能です。客観的な言動観察に基づく理解の仕方もあるでしょう。しかし、日常場面において私たちが目の前の子どもを理解しようとするとき、子どもと自分との人間関係によって、その理解の仕方は大きく変わります。
　基本的に私たちは、自分をも含めた子どもとの人間関係の中で、子どもを理解し、子どもから理解されるのです。その点、「児童生徒理解」は、児童生徒と教師との人間関係をめぐる、関係性の理解であるとも言えます。
　子どもと自分との関係性の中で子どもをどう理解し、どうかかわるかという点について、交流分析の理論や技法は、実に多くの示唆を与えてくれます。
　筆者は、こうした関係性の理解を軸にして、交流分析の理論と技法を用いた研修プログラムを作成してきました。筆者が、交流分析を生かした研修のために作成したプログラムを整理したのが、表7-3です。

表7-3　交流分析の理論と技法を生かした5つの研修プログラム

	研修プログラム	実施のねらい　と　研修プログラムの内容	時間	理論的背景			
入門編	プログラムA　エゴグラムを用いた児童生徒理解	児童生徒理解のためには教師の自己理解も含めた関係性の理解が必要であることを学ぶ。 ①エゴグラムの実施を通して、教師自身の自己理解を促す。 ②教師(あるいは保護者)の自己理解と児童生徒理解がどうかかわるかを学び、参加者各自が児童生徒理解をするときに心がけるポイントについて学ぶ。	60〜90分	自我状態の理解・構造分析			
入門編	プログラムB　かかわり技法としてのエゴグラム活用法	エゴグラムの理解を、実際の子どもとのかかわりにどう生かすか、次の3点について研修を行う。 ①エゴグラムを通して自他についての理解を促す。 ②自他の言動から子どものエゴグラムをイメージする、児童生徒理解の方法を学ぶ。 ③①と②の内容を踏まえて、エゴグラムによって自他の行動課題を検討する方法を学ぶ。	120分	自我状態の理解・構造分析			
応用編	プログラムC　エゴグラムを用いたキャリアカウンセリングプログラム	進路不決断傾向測定尺度とエゴグラムを用いたアセスメントを行い、生徒の進路選択過程における行動課題を検討するカウンセリングプログラムを学ぶ。(高校教員対象) ①学校教育相談における進路支援の位置づけとその内容について学ぶ。 ②生徒の進路選択過程への支援について、進路不決断傾向の視点から検討する方法について学ぶ。 ③①の理解を踏まえ、エゴグラムをもとにした、進路選択過程における行動課題の検討の方法について学ぶ。	90〜120分	自我状態の理解・構造分析			
応用編	プログラムD　目で見るコミュニケーション	交流パターン分析を用いて自他のコミュニケーションのあり方を検討可能なものとして対象化し、適切なコミュニケーションを行うためにはどうすればいいか学ぶ。 ①エゴグラムをもとに自我状態の表れ方や働きを学ぶ。 ②交流パターン分析によって自分のコミュニケーションパターンを学ぶ。 ③うまくいかないコミュニケーションについての分析を行うとともに、適当なコミュニケーションを行うにはどのような点に気をつければいいか検討する。	120〜360分		エゴグラム	交流パターン分析	
応用編	プログラムE　こじれる人間関係についての理解と対応	こじれがちな人間関係の裏に潜んでいるゲームの働きやその種類について学ぶとともに、実際の事例を取り上げながらゲームへの対応の仕方を検討する。 ①ゲームの性質や働き、種類について学ぶ。 ②ゲームへの具体的な対応の仕方について学ぶ。 ③実際の事例について、ゲーム分析の視点からの見立てを行うとともに、事例への対応の仕方について検討する。	120〜360分			ゲーム分析	脚本分析

(3) 研修プログラムを作成・実施するときの留意点

　筆者は、交流分析を研修プログラムに取り入れていくとき、交流分析の理論・技法自体を学ぶというよりも、その理論・技法を、学校での教育活動の中にどう位置づけるのかという視点を重視しています。その点、プログラム実施の目的を明確にすることが不可欠だと思います。

　たとえば、表7-3のプログラム A と B では、エゴグラムの理解を中心とした研修プログラムを作成しています。

　エゴグラムはさまざまな学校場面で取り扱われており、学校現場で活用しやすい道具の1つです。しかし、これを一方的な分析の道具として用いてしまうと、その理解の仕方には偏りが生じてきます。そうならないためには、エゴグラムの使いやすさ、わかりやすさだけに目を向けず、あくまでも関係性の理解に根ざした自己理解・子ども理解の道具として用いることが必要です。

4　研修プログラムの展開例

　表7-3の研修プログラム B を実施する際の配付資料が、配付資料3「人をわかるということ——エゴグラムの活用法」(128～141ページ参照) です。

　資料1～2ページでは、研修プログラム実施のねらいを提示しています。まず、人を「わかる」ということは、自分が納得できるように、相手を自分のとらえ方の枠組みの中に分けて位置づけていく作業だと考えられます。他者を理解するということは、自己理解を踏まえた関係性の理解であるということを確認します。

　それを受けて、資料3～6ページでは、エゴグラムを用いた自己理解の方法を学びます。【演習1】では、実際にエゴグラムに取り組み、各自が自己分析をします。【演習2】では日ごろの言動から同僚のエゴグラムを描いてもらうこともあります。

　ここでは、参加者の実態に応じてグループワークを行い、互いに分析のポイントを学び合う機会を設定すると、さまざまな見方を考えることができます。ただ、これらの演習は自己開示を伴いますので、参加者が初対面同士の場合や参加者に自己開示についての心理的抵抗が見られる場合は個人作業とします。

　資料6ページの【演習3】では、例を参考にしてエゴグラムからその人の特徴を検討していくポイントについて学びます。基本的には、時間を決めてグループワークを行い、相互に意見を交換し合います。また、資料の例1、例2については、できれば（もちろん守秘義務に留意することが前提ですが）参加者が実際にかかわっている子どもが描いたエゴグラムを用いることができれば、より理解が深まりやすくなります。

　資料7～8ページでは、言動観察からエゴグラムをイメージする方法について理解を深めます。その際は、言語的メッセージだけでなく非言語的メッセージにも十分留

意することを強調します。実際のコミュニケーション場面においては、交わされる言葉の意味内容よりも、声の調子や態度、動作、表情などから伝わる内容が多いからです。その内容をもとにして、資料9ページの【演習4】では、子どもの言動から優位となっている自我状態を特定する演習を行い、資料10ページの【演習5】では言動観察をもとにエゴグラムを描く演習を行います。

資料11ページでは、自分の現実のエゴグラムを踏まえて自分がどのようなエゴグラムの持ち主になりたいかを検討し、理想のエゴグラムを作成します。次に、現実のエゴグラムと理想のエゴグラムを比較し、理想のエゴグラムに近づくにはどの自我状態を上げていけばいいのか検討します。その上で、資料12〜14ページを参考にして、特定の自我状態を上げていくためにはどのような言葉遣いや態度をとるようにすればいいか、行動課題を検討します。

5 心理教育プログラムの準備・展開・評価

筆者が心理教育プログラムを作成し実施していくときには、まず図7-1のように、実施の対象となる生徒個人・集団の援助ニーズについてアセスメントを行います。次に、先行研究をもとにして、援助ニーズに合うように心理教育プログラムを作成します。プログラムを実施した後は、アンケートをとってその効果について評価・検討して改善点を明らかにし、次の実践に生かしていきます。

このように、心理教育プログラムを開発していくためには、準備・展開・評価の3段階の過程を想定しています。それによって、心理教育プログラムの実践事例としての蓄積と実施の継続が可能になると考えています。

交流分析を用いたプログラムの場合も、やはり実施する対象となる集団や個人がどのようなニーズをもっているか、十分アセスメントを行っておく必要があります。そして、アセスメントの結果をプログラムの導入部分に生かすような工夫も必要です。たとえば筆者は、プログラムを実施する子どもの集団を対象として事前アンケートを

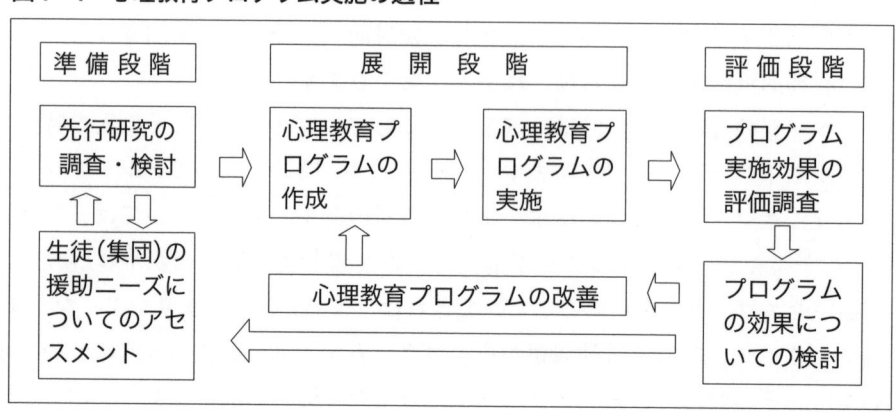

図7-1 心理教育プログラム実施の過程

実施し、その結果をまとめた資料を導入部分で用いています。
　また、実施後はできるだけ事後アンケートをとり、どの程度理解できたか、どういう点で役に立つと思われるか、次はどういう内容を希望するか、といった点について調査を行って、次回はどういう点に留意してプログラムを作成・実施すればいいか検討します。

配付資料1

エゴグラムから今の自分を見つめ直そう

エゴグラムを読み取る前に

①エゴグラムは、あなたの生活状態によって変化します。ですから、あなたの授業中のエゴグラムと家庭などでくつろいでいるときのエゴグラムとでは、普通変わってきます。

②エゴグラムは、それぞれの特性を客観的にとらえるものであって、性格のよい・悪いを判断するものではありません。ですから、よいだけの結果も、悪いだけの結果というものもありません。どちらか一方だけを見ないようにしましょう。

③エゴグラムは、それを受ける人が、意識的に、「こう答えたほうがいいんだろうなあ」と、自分が実際に思っていたり感じていたりすることと逆のことを書くことがありますので、1回の実施だけでは断定はできません。

④その気になれば、ある程度自分を変えることはできます。エゴグラムを読み取ることによって、自分のどこをどのように変えていきたいか、変わっていくためにはどのような点に気をつければいいかを、つかむことができます。

⑤もし、より詳しい、具体的なことを知りたい場合は、気軽にたずねてきてください。

エゴグラムの結果の見方

人間にはさまざまな面があります。エゴグラムでは、人間のさまざまな面を大きく5つに分けて、5つの自我状態のバランスで、その人の特性を見ていこうとしています。それが次の5つの項目です。具体的には、右の表のようになります。

【CP】　自分への厳しさや理想の高さ、責任感、正義感などを表します。
【NP】　周囲に対する思いやりの気持ちや、何かを守ろうとする態度を表します。
【Ⓐ】　物事に対して、冷静に、客観的に対応しようとする理性的な部分を表します。
【FC】　自然なありのままの感情を表現する態度や、自由な発想で新しいものを創造する力を表します。
【AC】　人の注意を聞いたり規則を守ったりするなど、周囲に合わせた態度や我慢強さを表します。

これら5つの尺度は、それぞれ単独で働くものではなく、お互いに密接にかかわり合っています。こうした心の5つの部分のかかわり方をまとめたものをエゴグラムパターンと言います。

それでは、右側の表を見て、自分の現在の姿をとらえ直してみましょう。

—1—

エゴグラムの5つの自我状態の表れ方（行動パターン）

		CP	NP	A	FC	AC
	アドバイス	完全主義をやめ、相手のよいところや相手の考えを認める余裕を持つ。仕事や生活を楽しむようにする。	自分と相手の関係をできるだけクールにとらえ、おせっかいや干渉しすぎにならぬよう気をつける。	何事も損得だけで考えず、自分の感情や相手の気持ちにも目を向ける。	そのときの気分や感情で行動せず、あとさきを考えるようにする。一呼吸置いて行動するとよい。	感じたことを、ためらわずに表現する。自分に自信のあることを実行してみる。
得点が高い場合	マイナス面	・建前にこだわる ・中途半端を許さない ・批判的である ・自分の価値観を絶対と思う	・過保護・干渉しすぎ（抱え込み） ・相手の自主性をだめにする ・相手を甘やかす	・機械的に対応する ・損か得かで行動する ・冷めたい感じ	・自己中心的 ・好き嫌いが強い ・感情的 ・言いたい放題	・引っ込み思案 ・依存心が強い ・おどおどする ・うらみがましい ・甘え下手
↑↑	プラス面	・理想を追求 ・良心に従う ・ルールを守る ・スジを通す ・義務感、責任感が強い ・努力家	・相手に共感、同情する ・世話好き ・相手を受容する ・奉仕精神 ・弱者をかばう	・理性的 ・合理性 ・沈着冷静 ・事実に従う ・客観的に判断する	・明るく元気 ・好奇心が強い ・ひらめきがある ・活発である ・創造性が豊か ・甘え上手	・協調性がある ・人に合わせる ・いい子 ・人の言うことをきく ・慎重
平均		CP	NP	Ⓐ	FC	AC
↓↓	プラス面	・おっとり ・融通がきく ・常識にとらわれない ・柔軟性がある ・のんびり屋	・さっぱりしている ・あっさりしている ・周囲に干渉しない	・人間味がある ・お人よし ・損得で物事を考えない	・おとなしい ・感情におぼれない ・慎重	・マイペース ・自主性に富む ・積極的
得点が低い場合	マイナス面	・いいかげん ・けじめがない ・批判力を欠く ・ルールを守らない	・相手に共感したり同情したりせず、冷たい ・気配りが足りない	・現実を無視する ・思い込みが強い ・計画性がない ・論理的に物事を考えない ・判断力が弱い	・おもしろ味がない ・暗い感じ ・あまり感情を出さない	・人の言うことをきかない ・協調性を欠く ・一方的にする ・とっつきにくい感じ
	アドバイス	自分自身に責任を持たせて行動するようにする。物事のけじめを大切にする。批判力を育てる。	できるだけ相手に思いやりを持つよう努力する。家族や友人にサービスをする。動物の世話などをする。	情報を集め、様々な角度から物事を考える。うまくいかなくても自分で答えを出してから人に相談する。	気持ちが内にこもらないようにできるだけ陽気にふるまって気持ちをひきたてる。スポーツ、旅行などをする。	相手の立場に立って考えたり、相手の意見を聴いたりする。相手を立て、尊重する。人にゆずる。

＜参考文献＞東京大学医学部心療内科TEG研究会編『新版TEG 解説とエゴグラム・パターン』金子書房

配付資料2

エゴグラムをもとに、これからの自分を考えよう

自分を変えていくことはできます（もちろん、その気があればのことですが）。

もし、「自分が変わっていきたい」「自分を変えていきたい」と思うならば、自分のエゴグラムをもとにして、これから自分が自分のどのような部分を、どのように変えていけばいいのか——をつかむことができます。そのためには、まず、あなたが理想とするエゴグラムを書いてみましょう。

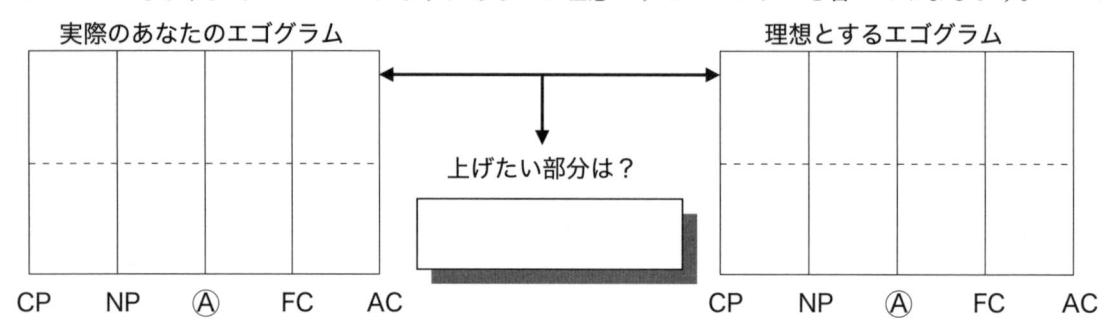

実際のあなたのエゴグラム　　　　　　　　　　　理想とするエゴグラム

上げたい部分は？

CP　NP　Ⓐ　FC　AC　　　　　　　CP　NP　Ⓐ　FC　AC

実際のあなたのエゴグラムと理想のエゴグラムを比較すると、上げたい部分がわかってきます。

ここでは、5つの尺度が低い場合、それらを上げていくためにはどのようなことを行っていけばいいのか、具体的な方法を少し取り上げます。

ＣＰの部分を上げるために

ほどよい高さのＣＰは、責任感や正義感となって表れます。自分や他人への厳しさをもって、自分の決めた目標に向かっていく力です。もし、ＣＰが低い場合は、次のような点に気をつけて行動してみましょう。

① ＣＰの低い人は、学校の規則を守ったり自分の計画を実行したりすることが苦手な傾向があります。そこで、まず自分が実行できそうな計画や約束を考えて、「これだけは必ずやる」というものを決めて、それをきちんと実行するよう努めてみましょう。

② ＣＰの低い人は、現状に流されがちで、「こうしたい」「こうあるべき」といった理想や厳しさに欠ける傾向があります。そこで、自分自身や自分を取り巻く物事を批判的にとらえるトレーニングが必要になってきます。「……しなければだめだ」「……すべきだ」といった表現を、他人や自分自身に対して用いるように、心がけましょう。

	変化をうながす言葉	変化をうながす態度
ＣＰを高める	○「私は……と思う」 ○「……は好きだ」「……は嫌いだ」 ○「決めたことは最後まできちんとやろう」 ○「こんなことで、本当に満足していいのだろうか」 ○「これは私の立場（あるいは年齢）にふさわしい行動や考え方だろうか」	○「私は……と思う」と自分の意見をはっきり述べる ○ 何か1つ、（最初は簡単なことから）最後まで譲らないで貫いてみる ○ 自他への要求水準を上げてみる ○（最初は簡単なところから）生活の時間をつくり、それを守る

—1—

変化をさまたげる言葉	変化をさまたげる態度
○「そんなことどっちだっていいよ」 ○「まあいいや。なんとかなるさ」 ○「私には関係ないね」 ○「私一人が意見を述べたところで、どうなるわけでもないし……」 ○「私のせいじゃないのに……」	○ あきらかなミスも注意しない ○ 自分の意見をもとうとせず、すぐに誰かの意見を求める ○ 遠慮やあきらめ ○ 約束や取り決めを容易に変える ○ セルフ・コントロールを欠く

ＮＰの部分を上げるために

　ほどよい高さのＮＰは、人に安らぎを与えたり親密な関係をうながしたりすることになります。もしＮＰが低い場合は、次のような点に気をつけて行動してみましょう。

① ＮＰが低い場合は、周囲の人が、現在どのようなことで悩んでいるかどうかということについて思いやりや気配りを欠く傾向があります。周囲の人の心の動きに気を配ったり、「大丈夫？」などと思いやりの気持ちを言葉に表現してみましょう。

② 相手の言葉や行動について、すぐに非難したり腹を立てたりするような態度は避けて、相手の気持ちを受け止めたり、相手のよいところを探したりするような態度を心がけましょう。「よかったね」「ここはこうしたほうがよくなるよ」など、言葉で表現するように心がけてみましょう。

ＮＰを高める

変化をうながす言葉	変化をうながす態度
○「そこがあなたのいいところだよ」 ○「よくできたね」 ○ 相手の気持ちや感情を認める言葉 　例「内心いやな気持ちだったんだね」 　　「ほんとはくやしくてたまらなかったんだ……」 ○「最近、調子はどうですか」 ○「あなたはこの集団にはなくてはならない人なんだよ」	○ 相手の好ましい点を見つけてほめる ○ 個人的な関心を示すように努める 　例　相手の趣味、得意な分野、など ○ 機会をとらえて、小さな贈り物をしたり、やさしい言葉をかけたりする ○ 相手の否定的な言葉や態度には、できるだけ同調しない ○ 弱い立場の者を世話したり援助したりする
変化をさまたげる言葉	変化をさまたげる態度
○「だめじゃないか」 ○「しっかりしなさい」 ○「何をやっているんだ」 ○「ほら、やっぱり私の言ったとおりじゃないか」 ○「自分でやればいいでしょう」 ○「私は関係ないって」（無責任）	○ 相手の気持ちや感情を考えない ○ 助けの手を貸さない ○ 余裕なく、ユーモアに欠ける ○ 相手の優れた素質、長所などに注目しない ○ 批判的な目で、相手のミスを指摘する ○ 相手の話に耳を傾けず、一方的にしゃべる（説得の調子）

Ⓐの部分を上げるために

　ほどよい高さのⒶは、物事に対して感情的にならずに判断し、行動する力となって表れます。もし、Ⓐが低い場合は、次のような点に気をつけて行動してみましょう。

① Ⓐの低い人は、何か行動を起こすときに思いつくままにすぐ行動する傾向があります。行動する前に、「どうしたら、よりよい結果が得られるのか」「今がそれをするのに適当な時期なのか」「他にいい方法はないのか」などとゆっくりと考えてみることが必要です。

② Ⓐが低い人は、自分の感情や考え方、行動のパターンに気づくことが苦手です。わけもわからず不安になったり、落ち込んだりすることもあります。逆に、物事を簡単に考えて、これといった根拠もないのに、何かうまくいくような気になる人もいます。そして、同じ誤りを繰り返す場合が多いのです。時には自分のやろうとすることをはっきりと文章にして（できるだけまとまったものにするよう心がけよう）検討してみたり、誰かに相談してその人の考え方を参考にしたりするなど、意識的に自分の心の動きに気づこうとすることが必要です。

	変化をうながす言葉	変化をうながす態度
Ⓐを高める	○「もう少し詳しく説明してください」 ○（感情が高まっているときに）「少し考えさせてください」 ○ 相手の話を「……ということですか」と確かめる ○「何が問題なのですか？」「あなたの一番言いたいことは何ですか？」 ○「すべてが……とは限らない」 ○ 5W1Hにあたる言葉を用いる 　→「いつ」「どこで」「誰が」「何を」「なぜ」「どうした」	○ 物事を分析し、そこに何らかのルールやパターンがないかを調べる ○ 無理のない自分の力と目標に合った計画を立て、実行する ○ 言いたいこと、したいことを、一度メモや文章にして整理してみる ○ 同じ状況で、他の人ならどう考え、どう行動するかを考える ○ 結末を予想して、問題全体を見たり、そこに法則のようなものがないか考えたりする
	変化をさまたげる言葉	変化をさまたげる態度
	○「わかりません」 ○「思い出せません」 ○「まあ、いいか」 ○「やるにはやったのですが……」 ○「はい、でも……」 ○「人はみんな……するものだ」 ○「私は理屈が嫌いだ」「人生は理屈じゃない」	○「なぜ？」「どうやって？」と問うことをしない ○ 新しい物事に関心をもとうとしない ○ 本を読まない、ニュース解説、社説などに無関心、情報に対して閉鎖的 ○ 最後まで、相手の話を聞かない ○ すぐに感情的な反応をする ○ 復習や反省をほとんどしない

ＦＣの部分を上げるために

ほどよい高さのＦＣは、自分の生活を楽しんだりストレスを発散したりするゆとりとなって表れます（ただし、他と比べて極端に高い場合は、わがままや自分勝手になることもあるので注意が必要）。ＦＣが低くて、ストレスがたまりがちな人は、次のような点に気をつけて行動してみましょう。

① 気分が落ち込みがちになったら、あれこれ考えているとますます悪循環に入ってしまいます。誰かとおしゃべりをしたり、散歩をしたりするなど気分転換を心がけましょう。

② 気分転換をしたら、自分のストレスの原因や落ち込みの原因がどこにあるのか、紙に書いて整理してみましょう（Ⓐの力を使うのです）。

	変化をうながす言葉	変化をうながす態度
FCを高める	○「それは面白そうだね」 ○「やってみよう」 ○「私も仲間に入れて」 ○「……と感じる」（「思う」に対して） ○「これをやって。お願い！」 ○ ユーモアや冗談、だじゃれ ○「おいしいですね」「きれいだねえ」	○ 不快感に多くの時間を費やさない ○ 楽しい気分にひたる ○ 短い空想を楽しむ ○ 娯楽（映画・スポーツ・テレビなど）を楽しむ ○ おしゃべり、雑談をする ○ 人に甘えて、頼ってみる
	変化をさまたげる言葉	変化をさまたげる態度
	○「ああ、憂うつだ」「面白くない」 ○「悲しいなあ」「さびしい」 ○「もう、いやになる」「つまらないな」 ○「もういいです」 ○「すみません。すみません……」 ○「もう、しかたがないよ」 ○「どうせ私なんか……」 ○「結局、いくらやってもむだなんだ」	○ 後悔、不快感や憂うつ感に長くひたる ○ 暗い顔をして、ため息ばかりつく ○ 不幸を他人や状況のせいにする ○ 受身的な姿勢、誰かの指示を待つ ○ 楽しむことを避け、仲間に加わらない ○ 人生や人間の明るい面を見ようとしない ○ 人に甘えて頼ったりしない

ＡＣの部分を上げるために

　ほどよいＡＣは、妥協したり我慢したり相手を受け入れたりする態度に表れます。これは、よりよい人間関係に欠かせないものです。ＡＣが低い場合は、次のような点に気をつけて行動してみよう。

① 他人への気配りに欠ける場合は、相手の言うことや行動に合わせるトレーニングが必要です。まずは、「……してもいいですか」などの言葉で対応ができるように心がけてみよう。また、進路について、人の話をたまにじっくり聞いてみることも大事です。

② ＡＣが低い場合は、ＦＣが高い場合が多いので、感情や欲望のおもむくままに行動しがちです。状況に応じて、自分の欲望を抑えることができる力を身につける必要があります。Ⓐの部分を意識し、自分を客観的に見て、自分が今何をしたらいいのか、考えてみましょう。

	変化をうながす言葉	変化をうながす態度
ＡＣを高める	○「大丈夫ですか」 ○「すみません」 ○「気を悪くしませんでしたか」 ○「これでいいでしょうか」 ○「あなたがどう考えているのか気になります」	○ 聞き役にまわってみる ○ 相づちを打ちながら相手の話を聞く ○ 相手がどう感じたか確かめる ○ 少し遠慮したり妥協したりしてみる ○ 相手の立場を立ててみる ○ 相手の顔色をうかがってみる
	変化をさまたげる言葉	変化をさまたげる態度
	○「全部あいつが悪いんだ」 ○「気にしない、気にしない」 ○「言いたいことを言わないと損をするよ」 ○「こまかいことにこだわるな」 ○「くよくよするな」	○ 自分について人がどう考えるか無関心 ○ 頑固に自分の考えを曲げない ○ 自分の要求をあくまでも通す ○ 人を決してほめない ○ 相手の感情を気にしない ○ なかなか謝らない

配付資料3

人をわかるということ

人は、相手と自分との関係の中で、
　　相手（または自分）を理解し、また、相手から理解される

相手と自分との　**関係性**　によって、理解のあり方も変わってくる

　　　　　　（「児童生徒理解」という用語の落とし穴）

人は自分に納得できるように、相手を理解しようとする

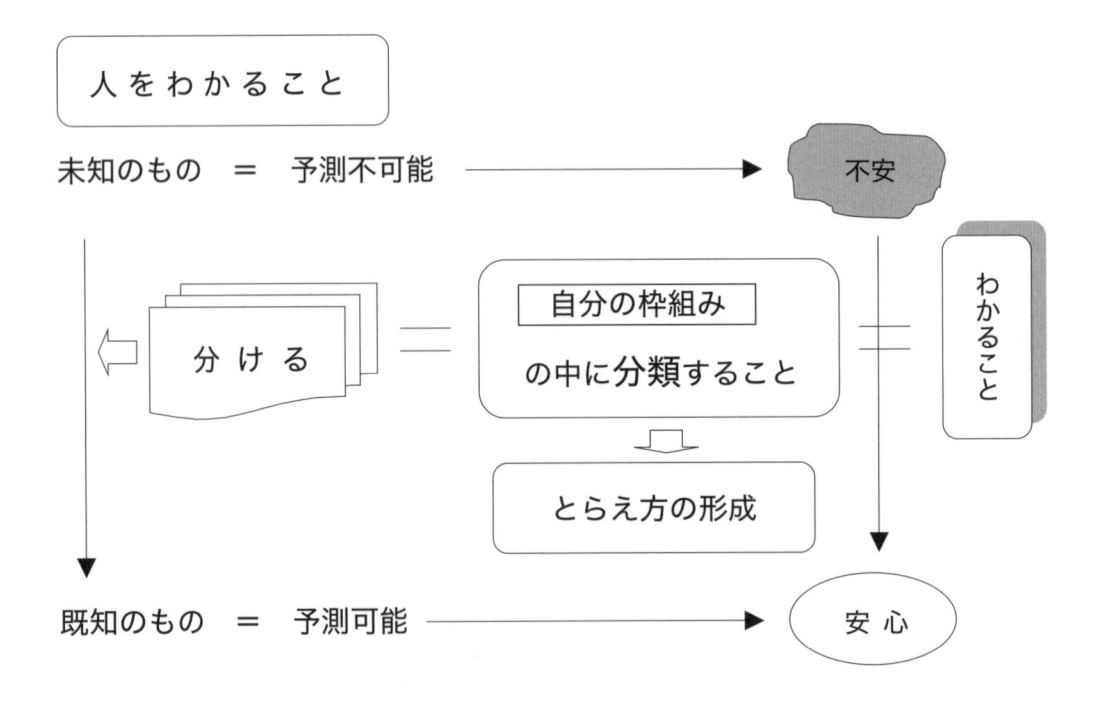

人をわかること

未知のもの　＝　予測不可能　　→　　不安

分ける　＝　**自分の枠組み**の中に**分類すること**　≠　わかること

　　　　　　⇩
　　とらえ方の形成

既知のもの　＝　予測可能　　→　　安心

　「わかる」ということは、自分の枠組みの中に納まるように「分ける」ことです。
　私たちにとって、どうなるかわからない、予測できない状況は不安です。そこで、私たちはそうした不安を避けるため、自分を取り巻く世界を自分にとって予測可能なものにしておきたいと考えます。その意味で、私たちは「わかりたいようにわかるのだ」と言えます。自分が、どのようにわかりたいのかを自己認知しておくと、その偏りを相対化できます。

⇒ 一方的に分析する態度は、時として相手に対する敵意の現れと受け取られることがある。

—1—

相手を変えようとしても変わらない場合は、
こちらの　とらえ方・かかわり方　を変えていくほうが建設的である

過　去　と　相　手　は　変　え　ら　れ　な　い

人　は　相　手　と　の　関　係　性　の　中　で　変　わ　る

とらえ方を変えると、かかわり方も変わる

たとえば

症状は守り　　　という　とらえ方

(「不登校」「リストカット」などの「症状」を出すことで自分を守る)

また

思春期は
さなぎの時代　　　という　とらえ方

自分の「とらえ方」の特徴をつかむためには……
①かかわりについて記録をとる（書くことで自分を相対化でき、資料化することで検討することが可能になる）
②複数の者がかかわることで独善に陥ることを避けるためにチームで対応する
③エゴグラムなどの質問紙によって、自分の心の状態を自分でチェックする
④交流分析、認知療法、認知行動療法、論理療法などの理論・技法を学ぶ
⑤スーパービジョンを受ける

エゴグラムの活用法 1 エゴグラムを介して、今、ここでの自分や相手の状態をつかむ

【演習1】 実際にエゴグラムをやってみましょう。

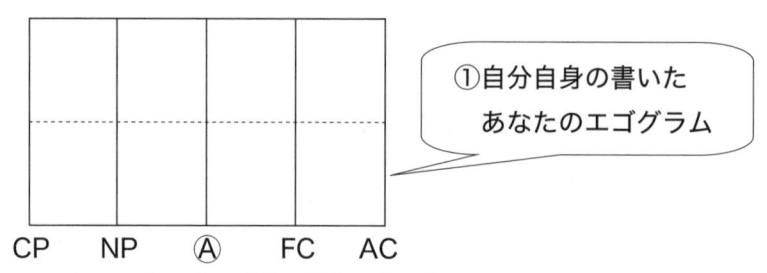

①自分自身の書いた あなたのエゴグラム

CP　NP　Ⓐ　FC　AC

エゴグラムは、心のエネルギーがどの部分に多く集まっているかを視覚化したものです。交流分析では、CP・NP・Ⓐ・FC・ACを「自我状態」と呼んでいます。

| あなたの中で心のエネルギーが高い部分は？ | → | （　　　　） |
| あなたの中で心のエネルギーが低い部分は？ | → | （　　　　） |

4ページの表と5ページの図をもとにして、自己分析してみましょう。

ただ、エゴグラムは、あなたがどの場面に身を置いているかによって微妙に変わってきます。学校でのあなたの心の状態と、家庭での心の状態は変わってくることもあるでしょう。

また、自分についての認知の仕方には、大なり小なりゆがみが出てきます。エゴグラムのような質問紙法による自己分析であれば、次のような自己認知のゆがみや質問紙法の限界があります。

- 自分をよく見せようとして、社会的に望ましい方向へ回答しようとする
- 自分の内面をあまり顧みたことがないために、的確にとらえられない
- 「こうありたい」という自分の願望と現実の自分を混同してしまう
- 厳密に考えすぎて、決められなくなってしまう

ですから、【演習2】の②のように、誰かあなたの周りの人に、エゴグラムを描いてもらうことも、自己理解を確かめる1つの方法です。

【演習2】 （できれば）あなたのエゴグラムについて周りの人に描いてもらいましょう。

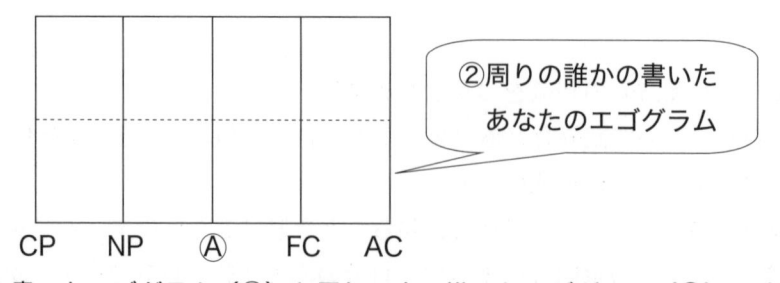

②周りの誰かの書いた あなたのエゴグラム

CP　NP　Ⓐ　FC　AC

あなたの書いたエゴグラム（①）と周りの人の描いたエゴグラム（②）の違いは？
　　　→（　　　　　　　　　　　　　　　　　　　）

エゴグラムの５つの自我状態の表れ方（行動パターン）

		CP	NP	Ⓐ	FC	AC
	アドバイス	完全主義をやめ、相手のよいところや相手の考えを認める余裕を持つ。仕事や生活を楽しむようにする。	自分と相手の関係をできるだけクールにとらえ、おせっかいや干渉しすぎにならぬよう気をつける。	何事も損得だけで考えず、自分の感情や相手の気持ちにも目を向ける。	そのときの気分や感情で行動せず、あとさきを考えるようにする。一呼吸置いて行動するとよい。	感じたことを、ためらわずに表現する。自分に自信のあることを実行してみる。
得点が高い場合 ↑↑	マイナス面	・建前にこだわる ・中途半端を許さない ・批判的である ・自分の価値観を絶対と思う	・過保護・干渉しすぎ（抱え込み） ・相手の自主性をだめにする ・相手を甘やかす	・機械的に対応する ・損か得かで行動する ・冷めた感じ	・自己中心的 ・好き嫌いが強い ・感情的 ・言いたい放題	・引っ込み思案 ・依存心が強い ・おどおどする ・うらみがましい ・甘え下手
	プラス面	・理想を追求 ・良心に従う ・ルールを守る ・スジを通す ・義務感、責任感が強い ・努力家	・相手に共感、同情する ・世話好き ・相手を受容する ・奉仕精神 ・弱者をかばう	・理性的 ・合理性 ・沈着冷静 ・事実に従う ・客観的に判断する	・明るく元気 ・好奇心が強い ・ひらめきがある ・活発である ・創造性が豊か ・甘え上手	・協調性がある ・人に合わせる ・いい子 ・人の言うことをきく ・慎重
平均		C P	N P	Ⓐ	F C	A C
↓↓ 得点が低い場合	プラス面	・おっとり ・融通がきく ・常識にとらわれない ・柔軟性がある ・のんびり屋	・さっぱりしている ・あっさりしている ・周囲に干渉しない	・人間味がある ・お人よし ・損得で物事を考えない	・おとなしい ・感情におぼれない ・慎重	・マイペース ・自主性に富む ・積極的
	マイナス面	・いいかげん ・けじめがない ・批判力を欠く ・ルールを守らない	・相手に共感したり同情したりせず、冷たい ・気配りが足りない	・現実を無視する ・思い込みが強い ・計画性がない ・論理的に物事を考えない ・判断力が弱い	・おもしろ味がない ・暗い感じ ・あまり感情を出さない	・人の言うことをきかない ・協調性を欠く ・一方的にする ・とっつきにくい感じ
	アドバイス	自分自身に責任を持たせて行動するようにする。物事のけじめを大切にする。批判力を育てる。	できるだけ相手に思いやりを持つよう努力する。家族や友人にサービスをする。動物の世話などをする。	情報を集め、様々な角度から物事を考える。うまくいかなくても自分で答えを出してから人に相談する。	気持ちが内にこもらないようにできるだけ陽気にふるまって気持ちをひきたてる。スポーツ、旅行などをする。	相手の立場に立って考えたり、相手の意見を聴いたりする。相手を立て、尊重する。人にゆずる。

＜参考文献＞東京大学医学部心療内科TEG研究会編『新版TEG 解説とエゴグラム・パターン』金子書房

あなたのエゴグラムをもう一度見てください。

エゴグラムでは、CP・NP……といった各部分だけで分析せずに、全体のパターンで見ていきます。これをエゴグラムパターンと言います。最も高かったのは、CP・NP・Ⓐ・FC・ACのどれでしょうか。日常のコミュニケーションにおいては最も高い「自我状態」が、主導権を握りやすいのです。

① 基本的には、まず、次のようにどの自我状態が優位に立っているかで見ます。

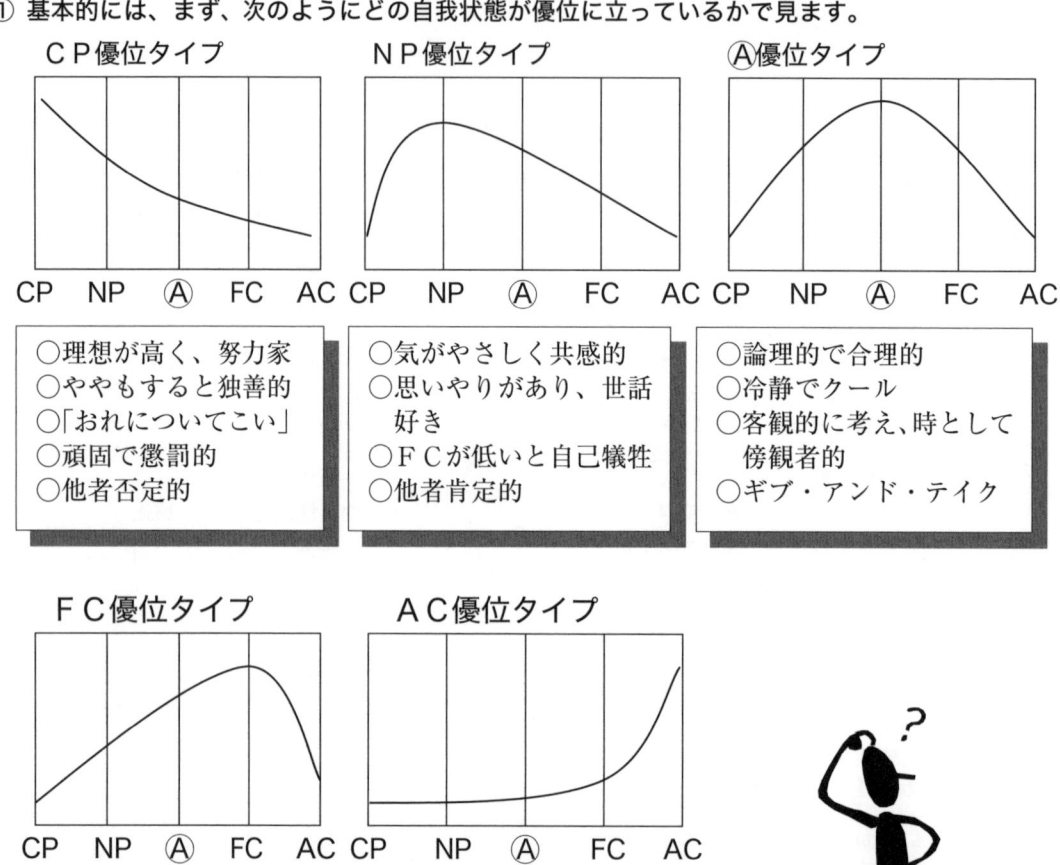

CP優位タイプ
○理想が高く、努力家
○ややもすると独善的
○「おれについてこい」
○頑固で懲罰的
○他者否定的

NP優位タイプ
○気がやさしく共感的
○思いやりがあり、世話好き
○FCが低いと自己犠牲
○他者肯定的

Ⓐ優位タイプ
○論理的で合理的
○冷静でクール
○客観的に考え、時として傍観者的
○ギブ・アンド・テイク

FC優位タイプ
○遊び好きの行動派
○自発的で創造的
○感覚や気分で変化
○自己中心的
○自己肯定的

AC優位タイプ
○いい子
○他者依存で自分を抑える
○見捨てられ不安
○自己否定的

② 次に、どの自我状態が低くなっているかを見ます。
③ 最後に、全体のバランスを考えながら、総合的に見ていきます。

【演習3】では、例1、2を参考にして、実際のエゴグラムを分析してみましょう。

例1

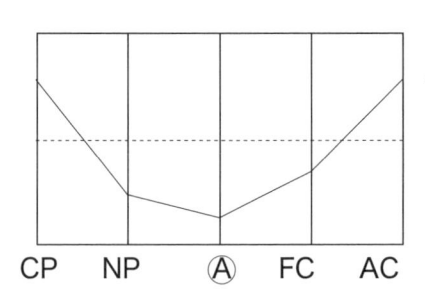

高いCPは「こうあるべき」という理想を求めますが、高いACは、周囲のことを考えてそれを外に出すことを抑え、その間でしばしば葛藤状態に陥りがちです。Ⓐが低いため自分への気づきが不十分で、葛藤状態をなかなか解消できません。また、NP、FCが低いので、他者との親密なかかわりが難しく、ストレスを自分の中にためこみがちです。

例2

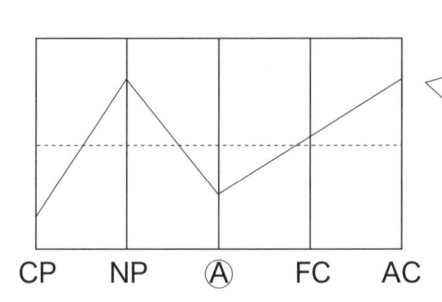

CPが低く、ACが高いゆえ、批判的になることもなく、相手の依頼や命令を拒否することもできず、不満を持ちながらも与えられたことをこなします。また、Ⓐが低く、「今、ここ」で何が大切なのかといった現実検討が不十分で、頼まれたことをいやと言えずに無批判的にやりとげようとするお人よしタイプです。

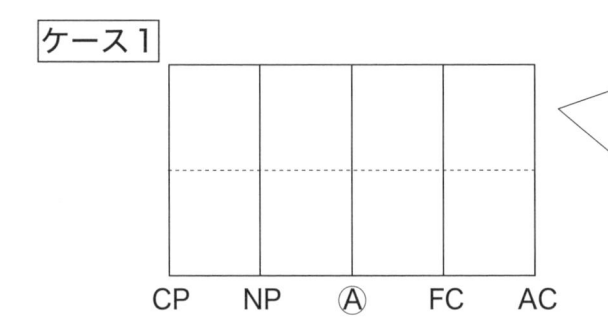

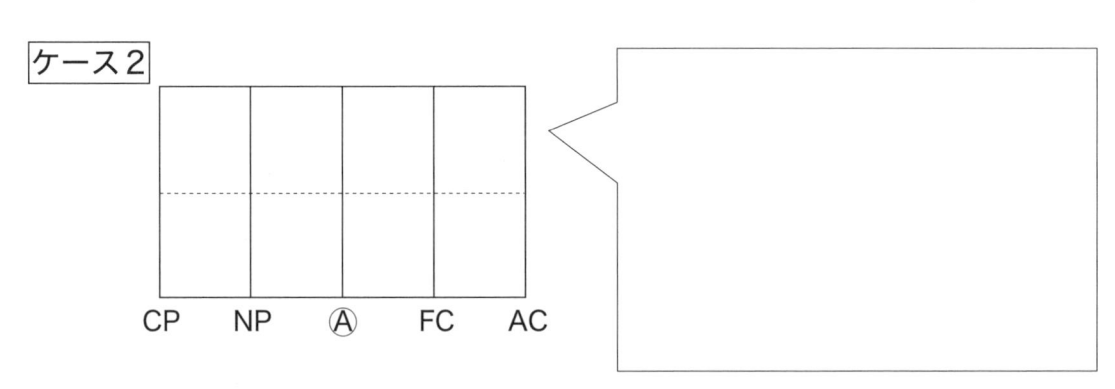

ケース1

ケース2

エゴグラムの活用法 2　自分や相手の言動からエゴグラムをイメージする

　言葉自体の言語的メッセージよりも、発する声の調子や態度などの非言語的メッセージのほうが、はるかに相手に伝わります。

　エゴグラムの質問項目を見ると、そのほとんどが、「子どもや目下の人をかわいがります」といった、外から観察可能な言動に焦点が当てられていることに気づくでしょう。その点、直接エゴグラムを使わない場合も、話を聴いたり日常の言動を観察したりする中で、その子どものエゴグラムパターンを頭の中でイメージし、そのイメージをもとにして、具体的な対応を考えていくことも可能です。

　たとえば、ＡＣが高いと思われる子どもに対しては、教師がＣＰからメッセージを発すると、よけいに緊張したりすねたりするようになります。そういう場合は、教師がＮＰの部分を発揮して、子どものＦＣの部分に働きかけるよう心がけると、子どもも緊張を和らげることができます。また、自分や周囲に混乱がある場合は、当事者のⒶの部分が他の自我状態に浸食されている状況と考えられます。まずは、自分のⒶの部分を発揮するよう意識すると、混乱を落ち着けることができます。

① Ⓟ：親の自我状態

		言語的メッセージ	非言語的メッセージ	
	性　質	言　葉	声・声の調子	姿勢・動作・表情
C P	偏見的 封建的 権威的 非難的 懲罰的 排他的 他者否定	当然でしょ 格言やことわざの引用 理屈を言うな 言うとおりにしなさい ……しなくてはならない だめねえ ばかだわ あとで後悔するぞ おまえなんか知るか 必ず私に話を通しなさい	断定的 嘲笑的 疑い 押しつけ調 威圧的 批判調 非難めく 教訓的	全能的 （自信過剰） 直接指さす 支配的 尊大・ボス的 けんか腰 他者を利用する 拳で机をたたく 見下げる こばかにする 特別扱いを要求
N P	救援的 甘やかし 思いやり 保護的 なぐさめ 心づかい 他者肯定	……してあげよう 大丈夫だよ いいんだよ さびしい（くやしい）のね かわいそうに よくできたよ よかったねえ 大丈夫……できるよ がんばりましょう	やさしい 安心感 非懲罰的 気持ちを察するような 同情的 愛情がある あたたかい やわらかい 励まし	手をさしのべる 過保護的な態度 ほほえむ 受容的 肩に手を置く 気づかい 世話をやく ゆっくり耳を傾ける

—7—

② Ⓐ：大人の自我状態

		言語的メッセージ	非言語的メッセージ	
	性質	言葉	声・声の調子	姿勢・動作・表情
Ⓐ	情報収集 事実評価 客観的 合理的 知性的 分析的	まてまて どういうことなのかな？ なぜそうなったのかな？ いつそうしたの？ どういうことがあったのかな？ ……と思う 具体的に言うと…… 考えてみよう 私の意見では……	落ち着いた低い声 単調 一定の音調 乱れてない 冷静 相手に合わせる はっきり	注意深く聴く 冷静 観察的 安定した態度 相手と眼を合わせる 時に打算的 考えをまとめる 計算されている 対等な態度

③ Ⓒ：子どもの自我状態

		言語的メッセージ	非言語的メッセージ	
	性質	言葉	声・声の調子	姿勢・動作・表情
FC	直観的 本能的 積極的 感情的 好奇心 自発的 創造的 自己肯定	やったあ！　すごーい！ きれいだ！　うれしい！ ……がしたい（ほしい） 好きよ！（嫌い！） どれどれ？ さあ、やろう お願い……やって（助けて）	開放的・大声 のびのび・興奮・自由 感情的 無邪気 明るい 楽しそう 甘え	自由な感情表現 活発 よく笑う ふざける ユーモアに富む 楽観的 時に空想的 リラックス 甘える
AC	順応的 感情抑制 反抗的 依存的 自己否定	困るんです ……していいでしょうか よくわかりません だめなんです どうせ私なんか…… ……するつもりです 少しもわかってくれない 悲しい・憂うつ さびしい・くやしい もうわかった、わかったよ わかりました。もういいです	ぼそぼそ声 自信がない くどい 遠慮がち 陰のある響き かみつく うらみがましい 時に激しく怒る	まともに見ない 気をつかう 迎合する ため息 同情を誘う 反抗的 おどおど とりいる じめじめ 無遠慮 挑戦的 うらむ すねる

【演習4】 次の状態では、どの自我状態が優位になっていると思いますか？
該当するものに、○をつけてください。

① 苦手だった教科で、勉強して70点をとったときの子どもの気持ち
　　　Ⓟ（CP　NP）　　　Ⓐ　　　Ⓒ（FC　AC）

② 教師に叱られて「うっとうしい！」と言い返す子どもの気持ち
　　　Ⓟ（CP　NP）　　　Ⓐ　　　Ⓒ（FC　AC）

③ あなたが、時間がなくてイライラしているときの気持ち
　　　Ⓟ（CP　NP）　　　Ⓐ　　　Ⓒ（FC　AC）

④ あなたに困ったことがあって、人に何かを頼むときの気持ち
　　　Ⓟ（CP　NP）　　　Ⓐ　　　Ⓒ（FC　AC）

⑤ あなたが人に頼みたいのになかなかそれを言い出せないときの気持ち
　　　Ⓟ（CP　NP）　　　Ⓐ　　　Ⓒ（FC　AC）

⑥ 人前で発表する前に「恥をかくんじゃないか」と心配する子どもの気持ち
　　　Ⓟ（CP　NP）　　　Ⓐ　　　Ⓒ（FC　AC）

⑦ あなたが元気のない人に「大丈夫？」と声をかけるときの気持ち
　　　Ⓟ（CP　NP）　　　Ⓐ　　　Ⓒ（FC　AC）

⑧ 先生に怒られるんじゃないかと心配している子どもの気持ち
　　　Ⓟ（CP　NP）　　　Ⓐ　　　Ⓒ（FC　AC）

⑨ 「こんなこともわからないのか！」と子どもを怒鳴るときの教師の気持ち
　　　Ⓟ（CP　NP）　　　Ⓐ　　　Ⓒ（FC　AC）

⑩ 「先生はオレのことをわかってくれない」と言う子どもの気持ち
　　　Ⓟ（CP　NP）　　　Ⓐ　　　Ⓒ（FC　AC）

⑪ 相手の説明に対して「もう、わかったよ」と言い返すときの気持ち
　　　Ⓟ（CP　NP）　　　Ⓐ　　　Ⓒ（FC　AC）

⑫ 「どうしたらいいんでしょうか……」と人にものを尋ねてくるときの気持ち
　　　Ⓟ（CP　NP）　　　Ⓐ　　　Ⓒ（FC　AC）

【演習５】 実際にあなたがかかわっている人のエゴグラムをイメージしてみましょう。

① その人はどの自我状態が強いと思いますか？

最も強い自我状態	判断の根拠となる言動
次に強い自我状態	判断の根拠となる言動

② その人はどの自我状態が弱いと思いますか？

最も弱い自我状態	判断の根拠となる言動
次に弱い自我状態	判断の根拠となる言動

③ その他の自我状態とのバランスを考えながら、エゴグラムのイメージを描いてみましょう。

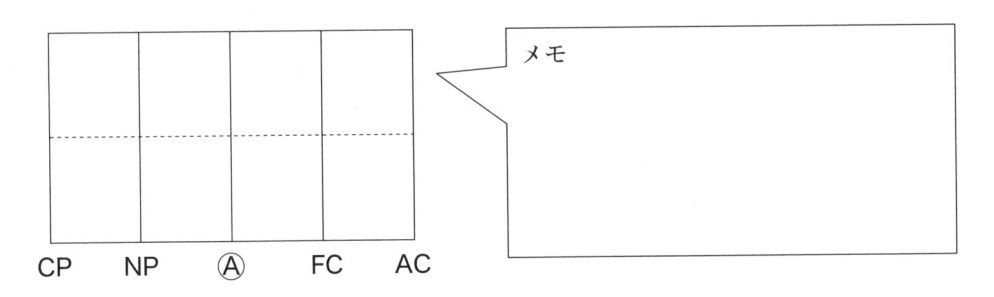

```
　┌──┬──┬──┬──┬──┐      ┌─── メモ
　│  │  │  │  │  │      │
　├──┼──┼──┼──┼──┤
　│  │  │  │  │  │
　└──┴──┴──┴──┴──┘
   CP   NP   Ⓐ   FC   AC
```

④ 気がついたこと

エゴグラムの活用法 3　今後の行動課題を検討する

エゴグラム作成の基本には、「今、ここ」でのあり方を大切にする考え方があります。
「理想とするエゴグラム」を書くことによって、今後、自分（または生徒）がどのようにしたらいいのかを考えることができます。

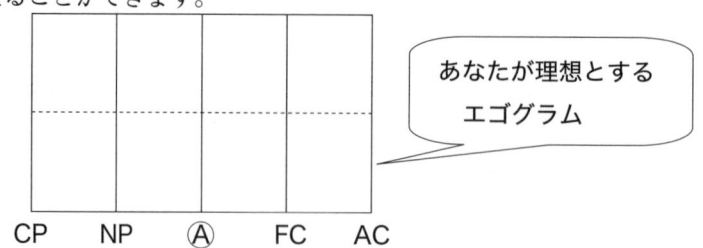

　　　　CP　NP　Ⓐ　FC　AC　　　　あなたが理想とする　エゴグラム

現在の自分のエゴグラムと比べると、どの部分を伸ばす必要があるでしょうか。

　　伸ばしたい部分は→（　　　　　　　　　　　　　　　）

12～14ページの表「行動課題やかかわり方を変えていくためのポイント」を参考にして、今後の言動や態度をどのように変えていけばいいのか、考えてみましょう。そのとき、「変わりたい」意志の裏には、「変わりたくない」（予測が難しい状況には身を置きたくない）という抵抗の気持ちが働きがちであることに注意しましょう。

エゴグラムの活用法 4　相手へのかかわり方を検討する

4ページの表「エゴグラムの5つの自我状態の表れ方（行動パターン）」や12～14ページの表「行動課題やかかわり方を変えていくためのポイント」を参考にして、相手の日ごろの言動から、エゴグラムパターンのイメージを作成し、それをもとに対応を考えていきます。

> ＣＰが高いと　→　他者否定が強い
> 　① ＣＰの高い人は、校内での連携が苦手（自分の見方が絶対と思い、譲らない）
> 　② ＣＰの低い人は、管理的な指導が苦手
> ＮＰが高いと　→　他者肯定が強い
> 　③ ＮＰを発揮すると相手をリラックスさせることができる
> 　④ ＮＰが高すぎると、おせっかいになり、相手の自主性を損なう
> Ⓐの高低は　→　客観性・合理性の有無を表す
> 　⑤ Ⓐを発揮すると、自分や周囲の混乱を落ち着かせることができる
> ＦＣが高いと　→　自己肯定が強く、甘え上手
> 　⑥ ＦＣの高い人は、感覚的に判断しがち（「好き嫌い」が「良い悪い」の判断に）
> 　⑦ ＦＣの低い人は、自己主張やストレスの発散が苦手
> ＡＣが高いと　→　自己否定が強く、甘え下手で、うらみが強い
> 　⑧ ＡＣの高い人に対してＣＰを発揮すると、萎縮させたりうらまれたりする
> 　⑨ ＡＣの高い人は誰かに依存しがち
> 　⑩ ＡＣの低い人は、協調性を欠くところがある

行動課題やかかわり方を変えていくためのポイント

CPを高める

	変化を促し、活性化する言葉	変化を促し、活性化する態度
変化を促す	○「私は……と思う」 ○「……は好きだ」「……は嫌いだ」 ○「決めたことは最後まできちんとやろう」 ○「こんなことで、本当に満足していいのだろうか」 ○「私の尊敬する人物が、今の私を見ていたらどう思うだろう？」 ○「これは私の立場（あるいは年齢）にふさわしい行動や考え方だろうか」	○ 時間、金銭にやかましくする ○「私は……と思う」と自分の意見をはっきり述べる ○ 部下や子どもの間違いを、努めてその場で叱るようにする ○ 何か1つ、（最初は簡単なことから）最後まで譲らないで貫いてみる ○ 自他への要求水準を上げてみる ○（最初は簡単なところから）生活の時間をつくり、それを守る
	変化を妨げる言葉	変化を妨げる態度
変化を妨げる	○「そんなこと、どっちだっていいじゃないか」 ○「まあいいや。なんとかなるさ」 ○「私には関係ない」 ○「私一人が意見を述べたところで、どうなるわけでもないし……」 ○「私のせいじゃないのに……」	○ いわゆる「甘やかす」態度 ○ あきらかなミスも注意しない ○ 自分の意見をもとうとせず、すぐに誰かの意見を求める ○ 遠慮やあきらめ ○ 約束や取り決めを容易に変える ○ セルフ・コントロールを欠く

NPを高める

	変化を促し、活性化する言葉	変化を促し、活性化する態度
変化を促す	○「そこがあなたのいいところだよ」 ○「よくできたね」 ○ 相手の気持ちや感情を見とめる言葉 　例「内心いやな気持ちだったんだね」 　　「ほんとはくやしくてたまらなかったんだ……」 ○「Aさんがあなたをほめていたよ」 ○「いい趣味をおもちですね」 ○「最近、調子はどうですか」 ○「あなたはこのクラスでなくてはならない人なんだよ」	○ プラスのストロークを与え、美点や好ましい点を見つけてほめる ○ 減点主義ではなく、加点主義 ○ 個人的な関心を示すように努める 　例　相手の趣味、家族のよい面、得意な分野、など ○ 機会をとらえて、小さな贈り物をしたり、やさしい言葉をかけたりする ○ 相手の否定的な言葉や態度には反応しない ○ 弱い立場の者を世話したり援助したりする
	変化を妨げる言葉	変化を妨げる態度
変化を妨げる	○「だめじゃないか」 ○「しっかりしなさい」 ○「何をやっているんだ」 ○「ほら、やっぱり私の言ったとおりじゃないか」 ○「自分でやればいいでしょう」 ○「関係ない、関係ないって」（無責任）	○ 相手の気持ちや感情を考えない ○ 助けの手を貸さない ○ 余裕なく、ユーモアに欠ける ○ 減点主義・マイナスのストローク ○ 相手の優れた素質、長所などに注目しない ○ 批判的な目で、相手のミスを指摘する ○ 相手の話に耳を傾けず、一方的にしゃべる（説得の調子）

Ⓐを高める

	変化を促し、活性化する言葉	変化を促し、活性化する態度
変化を促す	○「もう少し詳しく説明してください」 ○（感情が高まっているときに）「少し考えさせてください」 ○ 相手の話を「……ということですか」と確かめる ○「何が問題なのですか？」「あなたの一番言いたいことは何ですか？」 ○「どこを、どう変えたいのですか？」 ○「すべてが……とは限らない」 ○ ５Ｗ１Ｈにあたる言葉を用いる →「いつ」「どこで」「誰が」「何を」「なぜ」「どうした」	○ 物事を分析し、そこに何らかのルールやパターンがないかを調べる ○ 自律訓練法、沈黙など、リラックスして冷静になるトレーニング ○ 無理のない自分の力と目標に合った計画を立て、実行する ○ 言いたいこと、したいことを、一度文章にして整理してみる ○ 同じ状況で、他の人ならどう考え、どう行動するかを考える ○ 結末を予想して、問題全体を見たり、そこに法則性がないか考えたりする
	変化を妨げる言葉	変化を妨げる態度
変化を妨げる	○「わかりません」 ○「思い出せません」 ○「やるにはやったのですが……」 ○「はい、でも……」 ○「人はみな……するものだ」 ○「私は理屈が嫌いだ」「人生は理屈じゃない」	○「なぜ」「どうやって」と問うことをしない ○ 新しい物事に関心をもとうとしない ○ 本を読まない、ニュース解説、社説などに無関心、情報に対して閉鎖的 ○ 最後まで、相手の話を聞かない ○ すぐに感情的な反応をする ○ 復習や反省をほとんどしない

⇩

心のつぶやきがあなたを変える（認知療法の応用）　　Ⓐの活用

　私たちの感情や行動は、自分を取り巻く世界を私たちがどのようにとらえるか、どのように考えるかによって大きく影響されます。

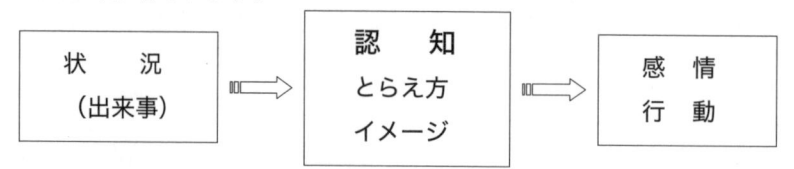

状況（出来事） ⇒ 認知 とらえ方 イメージ ⇒ 感情 行動

認知療法の７つのステップ

① あなたが困っていること、あなたが解決したい問題をはっきりさせよう
② どういう場面でその問題が起こるのかを調べよう
③ その場面で見られるあなたの感情や行動、そしてあなたの認知（心のつぶやき）について調べよう
④ あなたの認知があなたの感情や行動にどう影響しているかを調べよう
⑤ あなたの認知が適切かどうか、あなたの役に立っているかどうかを調べよう
⑥ 同じ場面で別の認知ができないかどうかを調べよう
⑦ 別の認知を実行してみよう

FCを高める

	変化を促し、活性化する言葉	変化を促し、活性化する態度
変化を促す	○「それは面白そうですね」 ○「やってみよう」 ○「私も仲間に入れて」 ○「……と感じる」（「思う」に対して） ○「これをやってください。お願い！」 ○ ユーモアや冗談 ○「おいしいですね」「きれいだねえ」 ○「今日は楽しもう」	○ 不快感に多くの時間を費やさない ○ 楽しい気分にひたる ○ 短い空想を楽しむ ○ 芸術（絵・詩・俳句など）を楽しむ ○ 娯楽（映画・スポーツ・テレビなど）を楽しむ ○ おしゃべり、雑談をする ○ 人に甘える
	変化を妨げる言葉	変化を妨げる態度
変化を妨げる	○「ああ、憂うつだ」「面白くない」 ○「悲しいなあ」「さびしい」 ○「もう、いやになる」「つまらないな」 ○「もういいです」 ○「すみません。すみません……」 ○「しかたがない」 ○「どうせ私なんか……」 ○「そんなこと、できません」 ○「結局、いくらやってもだめなんです」	○ 後悔、不快感や憂うつ感に長くひたる ○ 壁を見て考えこむ ○ 暗い顔をして、ため息ばかりつく ○ 不幸を他人や状況のせいにする ○ 受身的な姿勢、指示待ち族 ○ 楽しむことを避け、愉快な仲間に加わらない ○ 人生や人間の明るい面を見ようとしない ○ 人に甘えない

ACを高める

	変化を促し、活性化する言葉	変化を促し、活性化する態度
変化を促す	○「大丈夫ですか」 ○「すみません」 ○「気を悪くしませんでしたか」 ○「かわいそうにねえ」 ○「これでいいでしょうか」 ○「あなたがどう考えているのか気になります」	○ 聞き手にまわる ○ 相手に相づちを打つ ○ 相手がどう感じたか確かめる ○ 子どもや部下の言うことに従ってみる ○ 少し遠慮、妥協してみる ○ 相手を立ててみる ○ 相手の顔色をうかがってみる
	変化を妨げる言葉	変化を妨げる態度
変化を妨げる	○「うんと私を怒っていいんだよ」 ○「気にしない、気にしない」 ○「言いたいことを言わないと損をするよ」 ○「批判を気にしていたら、何もできないよ」 ○「こまかいことにこだわるな」 ○「くよくよするな」	○ 傍若無人、無遠慮 ○ あけすけな態度 ○ 頑固に自説を曲げない ○ 自分の要求をあくまでも通す ○ 当たって砕けろ式の生き方 ○ 人を決してほめない ○ 相手の感情を無視する ○ なかなか謝らない

参考文献一覧

久米勝（1976）『自己改造法』千曲秀出版
杉田峰康（1983）『こじれる人間関係―ドラマ的交流の分析』創元社
杉田峰康・桂戴作（1986）『ふれあいの心理学』チーム医療
横山好治・杉田峰康（1986）『生徒のこころ・教師の心―教育現場と交流分析』チーム医療
メリイ M. グールディング・ロバート L. グールディング（1980）『自己実現への再決断―TA・ゲシュタルト療法入門』深沢道子訳、星和書店
新里里春・水野正憲・桂戴作・杉田峰康（1986）『交流分析とエゴグラム』チーム医療
杉田峰康・国谷誠朗・桂戴作（1987）『ゲーム分析』チーム医療
杉田峰康（1988）『教育カウンセリングと交流分析』チーム医療
杉田峰康・国谷誠朗（1988）『脚本分析』チーム医療
杉田峰康（1990）『医師・ナースのための臨床交流分析入門』医歯薬出版
新里里春（1992）『交流分析療法―エゴグラムを中心に』チーム医療
東大医学部診療内科編著（1995）『新版エゴグラム・パターン』金子書房
杉田峰康（2000）『新しい交流分析の実際』創元社
杉田峰康（2004）『あなたが演じるゲームと脚本―交流分析で探る心のうら・おもて』チーム医療
柴﨑武宏（2004）『自分が変わる・生徒が変わる交流分析』学事出版
土居健郎（1971）『「甘え」の構造』弘文堂
河合隼雄（1992）『こころの処方箋』新潮社
井上和臣（1997）『心のつぶやきがあなたを変える―認知療法自習マニュアル』星和書店
文部科学省（2006）『小学校・中学校・高等学校　キャリア教育推進の手引―児童生徒一人一人の勤労観、職業観を育てるために』
今西一仁（1997）「かかわりの手段としての心理検査」『月刊学校教育相談』1997年7月号、p26-29、ほんの森出版
今西一仁（2001a）「生徒の進路選択・進路決定に関する心理教育についての研究」修士論文、未公刊
今西一仁（2001b）「進路指導でエゴグラムを生かす」『月刊学校教育相談』2001年1月号、p44-47、ほんの森出版
今西一仁（2001c）「進路カウンセリングにエゴグラムを生かす」『月刊学校教育相談』2001年10月号、p38-41、ほんの森出版
今西一仁（2004a）「交流分析」月刊学校教育相談編集部編『相談活動に生かせる15の心理技法』p86-95、ほんの森出版
今西一仁（2004b）「進路指導に関するコンサルテーション」学会連合資格「学校心理士」認定運営機構企画・監修『学校心理士の実践―中学校・高等学校編』p99-111、北大路書房
今西一仁（2005）「学校で使えるやさしい交流分析」『月刊学校教育相談』2005年4月号～2006年3月号、ほんの森出版
今西一仁（2006）「子どもとの関係がこじれたとき、交流分析の『ゲーム』を意識する」『月刊学校教育相談』2006年8月号、p50-55、ほんの森出版

あとがき

　教師になったばかりのころは、「児童生徒理解」という言葉を何の抵抗もなく使っていました。しかし、さまざまな子どもたちとの日々のかかわりの経験を通して、目の前の子どもを理解するということは、子どもの前にいる自分をも含めた場の問題として理解していくことなのだなと思うようになりました。つまり、「児童生徒理解」のためには、まずは理解しようとする主体である教師自身の自分への気づきが必要だということです。

　「関係性」という言葉に出会ったのもそのころです。子どもたちとかかわる過程で、こちらから一方的に「児童生徒理解」ができるわけではなく、両者の関係性の中で理解が深まるのではないかと考えるようになりました。そして、「関係性」という視点から、子どもとのかかわりに生かすことのできるものはないかと探しているときに出会ったのが、交流分析の理論と技法でした。

　それから20年経ちました。その間、さまざまな人との日々のかかわりの中で交流分析を学び、授業やロングホームルーム、そしてカウンセリング場面などで活用してきました。自分なりに試行錯誤を繰り返しながら、どうしたら学校現場で使えるものになるかという点を中心に取り組んできたつもりです。本書を手にとってくださった方にとって、この本でお伝えしたことが少しでもお役に立てたらとてもうれしく思います。

　この本が出来上がるまでにはさまざまな方のお力をいただきました。

　まず、原稿が遅れがちな私に対して、最後まで励ましと的確な助言を与えていただいた、ほんの森出版の小林敏史さんがいなければ、本書は日の目を見ることができませんでした（本書は『月刊学校教育相談』2005年4月号〜2006年3月号で連載した、「学校で使えるやさしい交流分析」をベースに加筆・修正したものです）。深く、深く感謝しています。

　さらに、私にとって学校教育相談の実践家モデルとしてご指導・ご助言いただいた大野精一先生、心理臨床家モデルとしてご指導いただいた藪添隆一先生、そして北は北海道から南は福岡、高知まで全国の研究仲間の支えに大きな力をいただきました。

　最後に、何よりも、妻と息子には日々の支えとなる力をもらってきました。また、私事ながら、一昨年亡くなった父に報告できるものができたと思います。

　本当にありがとうございました。

2010年2月

今西　一仁

【著者紹介】

今西　一仁（いまにし　かずひと）

　高知県心の教育センター指導主事。学校心理士。
　24年間の高等学校勤務（内15年間は教育相談担当）ののち現職。現在、相談業務を担当しながら、人間関係づくり、校内支援体制づくり、進路支援を中心に、小・中・高等学校への学校支援にかかわっている。
　主な論文に「学校心理学に関する研究の動向──学校における進路面の援助に関する研究を中心に」（『教育心理学会年報』No.49、2010年）《単著》、主な著書に『相談活動に生かせる15の心理技法』（月刊学校教育相談編集部編、ほんの森出版、2004年）、『学校心理士の実践──中学校・高等学校編』（学会連合資格「学校心理士」認定運営機構企画・監修、北大路書房、2004年）、『学校心理学ハンドブック』（日本学校心理学会編、教育出版、2004年）《以上、分担執筆》がある。

紙上ゼミナールで学ぶ
やさしい交流分析

2010年6月1日　第1版　発行

著　者　今西　一仁
発行者　兼弘　陽子
発行所　ほんの森出版株式会社
〒145-0062　東京都大田区北千束3-16-11
Tel 03-5754-3346　Fax 03-5918-8146
http://www.honnomori.co.jp

印刷・製本所　研友社印刷株式会社

© Kazuhito Imanishi 2010　ISBN978-4-938874-72-8 C3011
落丁・乱丁はお取り替えします